中国脱贫攻坚
县域故事丛书
County-level Story Series on
Poverty Alleviation in China

中国脱贫攻坚
科左后旗故事

全国扶贫宣传教育中心 组织编写

人民出版社

序言　英雄上马的地方

千年的牧草绿了又黄

千年的马灯熄灭又点亮

千年的弓箭把日月拉成长河

千年的白云飘落在牧人的毡房

这是英雄上马的地方……

每当人们唱起这首铿锵豪迈的草原歌曲，就会想到它赞美的地方——内蒙古自治区通辽市科尔沁左翼后旗（简称"科左后旗"）。

这里人杰地灵，物华天宝。科左后旗 1650 年建旗，总面积 11570 平方千米，人口 40.11 万，有蒙、汉、回等 19 个民族聚居，其中蒙古族占 75.3%，是全国县域蒙古族人口居住最集中的地区之一。这里是"英雄上马的地方"，是清代著名爱国将领僧格林沁的故里；这里诞生了新中国第一位马工——扎那，136 块国家级赛马奖牌见证着马背民族的自豪与骄傲；这里北方草原的游牧文化、西辽河平原的农耕文化、草原"丝绸之路"商旅文化相互交融，造就了这方土地上的人民厚德仁和、博大包容、侠肝义胆、浪漫多情的品格。

这里区位优越，资源富饶。科左后旗位于内蒙古、吉林、辽宁三省交界处，属于东北经济区和环渤海经济圈。路网交错，四通八达；

民航便利，转换时空；高铁驰骋，逐月追风。这里蕴藏着煤炭、石油、矽砂等矿产资源，盛产水稻、玉米、黄牛等农畜产品，经济发展与环境保护相得益彰。这里是全国粮食生产先进县、全国绿色无公害果蔬生产示范县、全国生态文明示范工程试点县。经国家质量监督检验检疫总局认证，"科左后旗大米"成为国家地理标志保护产品。"黄牛之乡""马王之乡""绿色水稻之乡""旅游之乡""民歌之乡""蒙古文书法艺术之乡"六张金色名片美名流芳。

这里文化厚重，美丽神奇。科左后旗蒙古族文化底蕴深厚，是广为流传的《达那巴拉》《扎那·巴拉吉尼玛》等科尔沁蒙古族叙事民歌的发祥地，坐落在这里的僧格林沁王府是国家重点文物保护单位，"吐尔基山辽墓"被评为"2003年中国十大考古新发现"。这里拥有蒙古族马具制作技艺、好来宝、蒙医正骨疗法等三项国家级非物质文化遗产，两项内蒙古自治区级、19项市级国家非物质文化遗产，非物质文化遗产项目和代表性传承人数量居内蒙古各旗县市（区）前列。这里拥有"草原圣谷、北方雨林"——神奇大青沟，古树苍翠、霜叶流丹、雪映万泉、四季更迭、美不胜收；阿古拉"敖包相会"文化旅游主题小镇坐拥一山一寺，与湿地、湖泊、沙漠交相辉映；"停车坐爱枫林晚，霜叶红于二月花"，千林落木，斑驳疏影，乌旦塔拉五角枫森林公园流光溢彩，让人流连忘返。

这里宜居宜业，充满生机。为了提升城镇品位，努力营造适宜创业的发展环境和适宜生活居住的城镇环境，增强凝聚力、吸引力和辐射力，科左后旗城市功能日趋完善，市容市貌明显改观，人居环境逐步优化。街道整洁、花团锦簇、绿树成荫，双合尔公园尽放光彩，被授予"国家级卫生县城"荣誉。科左后旗乘改革开放的浩荡春风，地区特色产业顺势而发。肉牛产业、旅游产业、蒙中医药产业、物流产业、沙产业、生态产业、马文化产业、战略性新兴产业八大支柱产业竞相发展。尤其是黄牛产业，一骑绝尘。以打造"中国黄牛第一旗"为目标，黄牛饲养量达100万头以上，被列入全国首批养殖大县名录。现在的科左后旗经济社会发展一日千里，群众生活水平日益提高，人民幸福感显著提升。

这里牢记使命，筑梦兴邦。不忘初心，方得始终。站在新时代的起点上，摘掉贫困帽子的科左后旗各族干部群众，弘扬坚韧不拔、勇往直前、忠于职守、甘于奉献的"蒙古马精神"，咬定"打造全国乃至国际知名的肉牛产业强旗、区域知名的全域四季文化生态旅游目的地、通辽市对外开放融入东北振兴的先遣地、蒙东知名的蒙中医药产业基地、国家级生态示范旗、国家级民族团结进步示范旗"的宏伟目标，以守望相助、一往无前的奋斗英姿，阔步行进在建设内蒙古这道祖国北疆亮丽风景线的伟大征程上。

"古老的牧歌在风雨中传唱　骑手的等待不再是梦想　这是英雄上马的地方"。

科左后旗：生态修复促扶贫

目　录
CONTENTS

第1章

科左后旗脱贫路

开对了"药方子",才能拔掉"穷根子"。

——习近平

自精准扶贫、精准脱贫攻坚战开展以来，科左后旗深入贯彻习近平新时代中国特色社会主义思想，坚持精准扶贫、精准脱贫基本方略，全面落实党中央、自治区党委、通辽市委关于扶贫开发的各项决策部署，把脱贫攻坚作为重大政治任务、第一民生工程和头等大事来抓，总揽全局、协调各方，构建党政主导、行业协同、社会参与、群众主体的"四位一体"大扶贫格局。牢牢把握精准要义，围绕实现"两不愁、三保障"①和安全饮水，落实"五个一批"②措施和"六个精准"③要求，做到"四个不摘"④，举全旗之力、集全旗之智，狠抓产业扶贫、志智双扶、强化保障措施，全面推进脱贫攻坚深入扎实开展。弹奏出生态建设、脱贫攻坚、乡村振兴、产业发展有机结合的时代交响曲，为可持续发展打造了新引擎、构建了新支撑，摘掉了穷帽子。让"沙窝窝"变"金窝窝""银窝窝"，在中国这场举世瞩目的脱贫攻坚战中，书写出经得起实践、人民和历史检验的科左后旗答卷！

---

① "两不愁、三保障"是国家在易地扶贫搬迁中提出的主要目标。"两不愁"即不愁吃、不愁穿，"三保障"即义务教育、基本医疗、住房安全有保障。

② 五个一批：发展生产脱贫一批、易地扶贫搬迁脱贫一批、生态补偿脱贫一批、发展教育脱贫一批、社会保障兜底一批。

③ 六个精准：扶贫对象精准、项目安排精准、资金使用精准、措施到户精准、因村派人精准、脱贫成效精准。

④ 四个不摘：摘帽不摘责任、摘帽不摘帮扶、摘帽不摘政策、摘帽不摘监管。

科左后旗人民政府所在地甘旗卡镇鸟瞰

一、科左后旗历史概况

科左后旗位于内蒙古自治区通辽市东南部，地处东经121°30′—123°43′，北纬42°45′—43°41′。东北部与吉林省双辽市接壤，东部和南部与辽宁省昌图县、康平县、彰武县相邻，辖区面积11499.64平方千米，辖19个苏木镇（场），283个行政嘎查村（分场）。

科尔沁，系蒙古族部落名，其意为带弓箭的侍卫。蒙古语称东为左，清朝早期以进军方向将蒙古部落分为左、右翼兵。科左后旗1650年建旗，因位于科尔沁部落中心的左后方，故称为科尔沁左翼后旗。

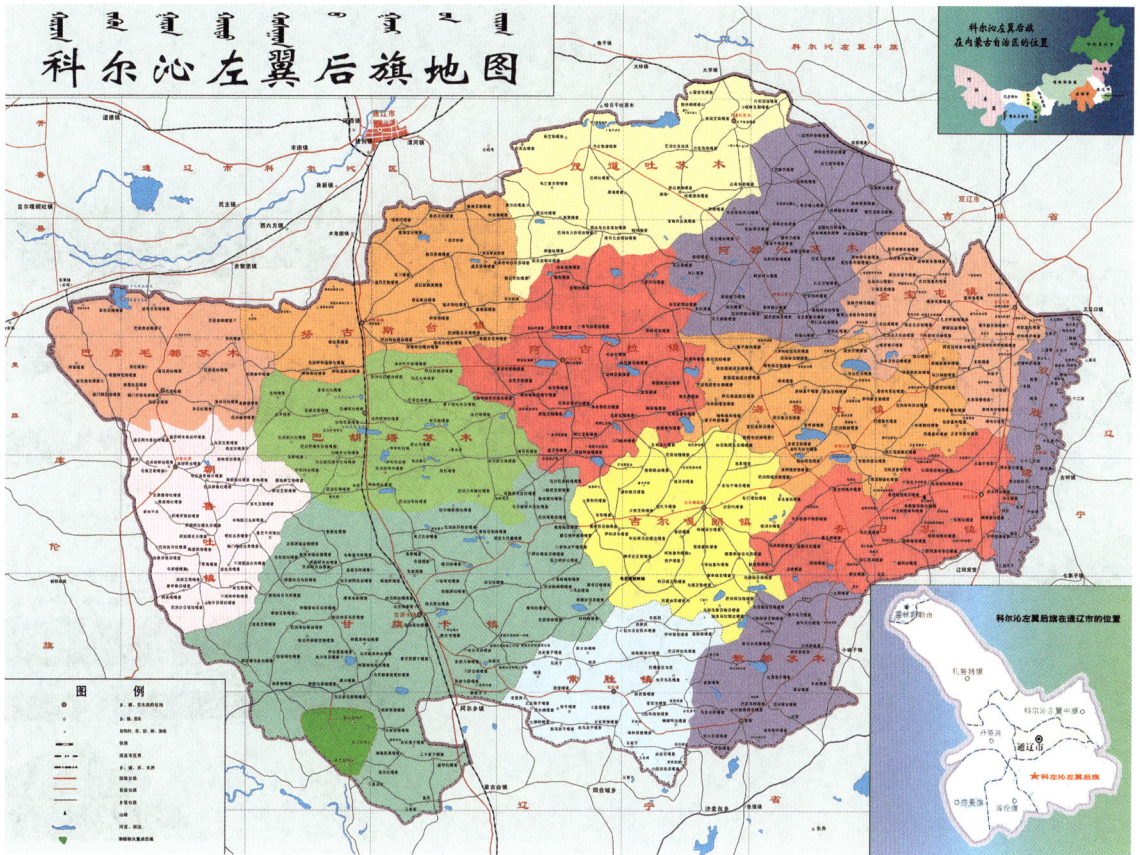

科左后旗地图

　　科左后旗在战国时期属东胡民族活动地区；秦时曾为匈奴汗国左贤王统辖；西汉时属辽东郡北境；东汉及魏晋南北朝时期为鲜卑族控制地区；唐代属契丹民族住地，隶属松漠都督府；辽时为上京道头下军州地；宋时为女真人所建金国的临潢府路所辖；元代隶属于行中书省宁昌路北境。明朝时曾属兀良哈三卫中的福余卫游牧；明朝末期，游牧于嫩江流域的科尔沁部南迁，成吉思汗胞弟哈布图·哈萨尔十七世孙明安统率科尔沁部的一支游牧于此。明万历四十四年（1616），努尔哈赤统一女真各部建立后金，蒙古科尔沁部归后金国节制。顺治七年（1650），清朝廷诏准在科尔沁部增设科尔沁左翼后旗，由明安孙彰吉伦任札萨克郡王。清代属外藩蒙古内札萨克，直隶于理藩院，军国大事受盛京将军节制，会盟地在哲里木（今兴安盟科尔沁右翼中旗境内）。清咸丰五年（1855），科左后旗札萨克郡王僧格林沁晋升为亲王，赐"博多勒噶台"号，称"博多勒噶台亲王旗"，简称"博王旗"，

僧格林沁王府全貌

僧格林沁亲王铜像

一直沿称到 1931 年。

中华民国时期，科左后旗归属奉天省，受哲里木盟盟长监督，地方军事由洮辽镇守使支配，驻地博王府（今吉尔嘎朗镇）。1945 年，抗日战争胜利后，科左后旗各界人士共议建立东科后旗地方自治政府，翌年 3 月改为科左后旗民主政府，隶属科尔沁左翼三旗联合办事处、兴安南地区行署和哲里木省政府。1946 年 9 月，国民党在吉尔嘎朗成立东科

僧格林沁王府一角

后旗政府，归属辽北省管辖。1947 年 6 月，恢复东科后旗民主政府，归属内蒙古自治区。1949 年 7 月，"东科后旗"恢复"科尔沁左翼后旗"名称。1953 年 6 月，哲里木盟撤销，归属内蒙古自治区东部区行署。1954 年 4 月，内蒙古东部区行署撤销，复隶属于新恢复的哲里木盟。1969 年 7 月，同哲里木盟划归吉林省管辖。1979 年 7 月，又归属于内蒙古自治区。1999 年 8 月，哲里木盟撤盟建通辽市，科左后旗隶属延续。

科左后旗（东科后旗）吉尔嘎朗各界纪念"八一五"三周年大会（1948 年）

科左后旗是一处红色的土地，革命老区。解放战争时期，这里既是民族解放斗争的最前沿，又是蒙东农牧区民主改革的先行区，也是辽沈战役的物质供给基地。陶铸、黄克诚、吕明仁等老一辈革命家在此留下了光辉的足迹，张洁、努力玛扎布、王继彬、洪铁牛等一批革命先烈在这里为民族解放事业献出了自己的生命。

20 世纪 80 年代，科左后旗被确定为内蒙古自治区级贫困旗。1994 年，伴随着国家"八七扶贫攻坚"计划的实施，科左后旗扶贫开发进入整体攻坚阶段，提出力争用 7 年左右的时间，集中人力、物力、财力，动员社会各界力量，基本解决农村牧区贫困人口的温饱问题。经过"八七扶贫攻坚"，科左后旗贫困地区生产条件、生态环境明显改善，绝大部分贫困人口基本解决了温饱问题。

科左后旗立足当地自然条件，大面积开发推广水稻种植，经过 30 多年的不懈努力，赢得了"绿色水稻之乡"的美誉

进入 21 世纪，随着国家"八七扶贫攻坚"目标如期实现，国家制定并颁发了《中国农村扶贫开发纲要（2001—2010 年）》。科左后旗按照国家扶贫开发政策，以消灭绝对贫困为目标（当时国家绝对贫

困标准：农区年人均纯收入 683 元，牧区年人均纯收入 983 元），不断加大扶贫开发力度，极大地缩小了贫困面，改善了贫困地区各族群众的生活。

从 2006 年开始，科左后旗按照《通辽市"十一五"扶贫规划纲要》的目标和要求，大力实施整村推进、贫困地区劳动力转移培训、产业化扶贫、移民扩镇、社会化扶贫、科技扶贫等重点扶贫工程，着力解决贫困人口扶贫增收问题（内蒙古自治区贫困标准调整为：农区年人均收入 2600 元，牧区年人均收入 3100 元），贫困人口大量减少，使贫困地区面貌发生了较大变化。

20 世纪 50 年代开始，科左后旗持续推进黄牛改良，发展黄牛产业，被誉为"黄牛之乡"

国家实施扶贫开发以来，科左后旗通过实施收缩转移、禁牧舍饲、退耕还林还草、农田和草牧场基本建设，解决了农牧区粮食短缺、人畜饮水困难问题，贫困嘎查村通电、通路、通电话，农村牧区生态环境、基础设施和基本生产生活条件明显改善，尤其通过生态修复实现了沙地整体"绿肥黄瘦"的良性逆转。但是，与经济发达地区

扶贫开发相关文件

相比，乃至与内蒙古自治区其他旗县比较，科左后旗农牧民群众生产生活水平的提升、贫困面减少一直落后于通辽市、内蒙古自治区乃至全国的平均水平。因此，科左后旗于 2011 年被确定为国家扶贫开发重点旗、革命老区。

2012 年，科左后旗本着政府主导、社会参与、资金捆绑、加大投入的原则，大力实施扶贫开发。通过推进区域发展、连片开发、整村推进、移民扩镇等重点项目，实施贫困农牧民增收翻番计划。

2013 年，习近平总书记强调，消除贫困、改善民生、逐步实现共同富裕，是社会主义的本质要求，是中国共产党的重要使命。全面建成小康社会，是中国共产党对中国人民的庄严承诺，吹响了科左后旗脱贫攻坚战的冲锋号。

二、科左后旗摘掉"贫困帽"

艰难困苦，玉汝于成。党的十八大以来，科左后旗坚定不移守住

科左后旗甘旗卡工业园区

发展、民生、生态三条底线，推动质量、效率、动力三大变革，统筹推进稳增长、促改革、调结构、惠民生、防风险各项工作，立足自身优势，明确打造全国知名的肉牛产业强旗、区域知名的全域四季文化生态旅游目的地、通辽市对外开放融入东北振兴的先遣地、内蒙古东部知名的蒙中医药产业基地、国家级生态示范旗、国家级民族团结进步示范旗 6 个目标定位，着力打造肉牛、旅游、蒙中医药、绿色生态农牧产业、沙产业、马文化、物流、战略性新兴产业 8 个产业链，加快建设工业园区、金融 2 个平台，全力抓好乡村振兴、品牌文化和人才 3 项工程，压实全面从严治党、全面深化改革、信访维稳、扫黑除恶、安全生产 5 个责任，扎实推动全旗经济平稳健康发展、社会和谐稳定。

2021 年，科左后旗地区生产总值完成 129.2 亿元，同比增长 4.8%；固定资产投资完成 20.4 亿元，同比增长 6.8%；社会消费品零售总额实现 25.4 亿元，同比增长 6.3%；公共财政预算收入 5.3 亿元，同比增长 22.5%；城乡常住居民人均可支配收入分别达到 32536 元、

16676 元，同比分别增长 9.8%、11.5%。

与经济社会发展同步，科左后旗脱贫攻坚捷报频传。全旗建档立卡贫困人口 2014 年有 13065 户、34261 人，截至 2020 年底，全旗所有建档立卡贫困户实现脱贫。6 年间，全旗累计减贫 13065 户、34261 人，贫困发生率降至零。

2019 年 4 月，内蒙古自治区人民政府正式批准科左后旗退出贫困旗县序列，成为内蒙古自治区首批摘掉"贫困帽"的国家扶贫开发重点旗。同年科左后旗"生态产业扶贫案例"和"黄牛产业精准扶贫案例"入选全球最佳减贫案例。

2019 年 10 月 16 日，在北京举办的中国扶贫国际论坛上，科左后旗"生态产业扶贫案例"和"黄牛产业精准扶贫案例"被收录进南南合作减贫知识分享网站——中外减贫案例库及在线分享平台，引起世界瞩目。

2019 年 10 月 17 日，在全国脱贫攻坚表彰大会暨先进事迹报告会上，科左后旗被国务院扶贫开发领导小组授予"全国脱贫攻坚奖组织创新奖"。

科左后旗"生态产业扶贫案例"和"黄牛产业精准扶贫案例"入选全球最佳减贫案例

科左后旗被国务院扶贫开发领导小组授予"全国脱贫攻坚奖组织创新奖"

这一系列的成绩和荣誉，是对科左后旗改天换地、涅槃重生壮丽图景的生动写照，更是对科左后旗生态立旗、精准扶贫、精准脱贫、富民强旗发展经验的高度认可。

三、图说科左后旗脱贫攻坚

党的十一届三中全会之后，科左后旗在致力于全方位改革开放、加快经济社会发展进程中，依据国家提出的开发式扶贫方针，实施以解决农村牧区贫困人口温饱为主要目标的有计划、有组织的大规模扶贫开发工作，基本解决了农牧民群众的温饱问题。

党的十八大以来，以习近平同志为核心的党中央站在全面建成小康社会、实现中华民族伟大复兴中国梦的战略高度，把脱贫攻坚摆到

脱贫攻坚工作开展部署图

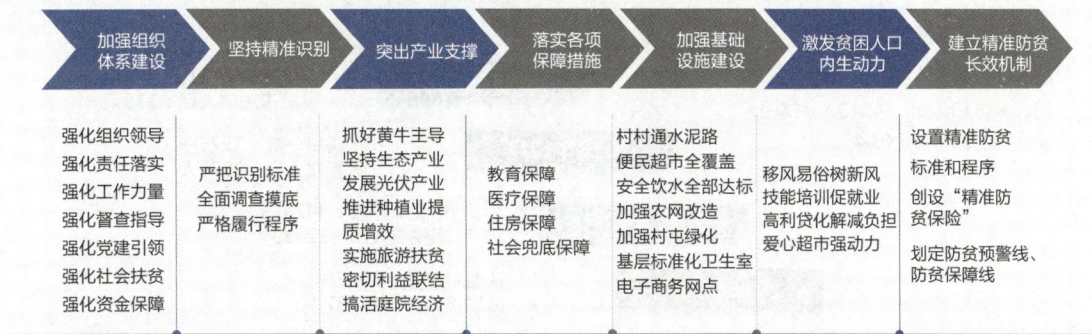

加强组织体系建设	坚持精准识别	突出产业支撑	落实各项保障措施	加强基础设施建设	激发贫困人口内生动力	建立精准防贫长效机制

强化组织领导 强化责任落实 强化工作力量 强化督查指导 强化党建引领 强化社会扶贫 强化资金保障	严把识别标准 全面调查摸底 严格履行程序	抓好黄牛主导 坚持生态产业 发展光伏产业 推进种植业提质增效 实施旅游扶贫 密切利益联结 搞活庭院经济	教育保障 医疗保障 住房保障 社会兜底保障	村村通水泥路 便民超市全覆盖 安全饮水全部达标 加强农网改造 加强村屯绿化 基层标准化卫生室 电子商务网点	移风易俗树新风 技能培训促就业 高利贷化解减负担 爱心超市强动力	设置精准防贫标准和程序 创设"精准防贫保险" 划定防贫预警线、防贫保障线

贫困发生率统计

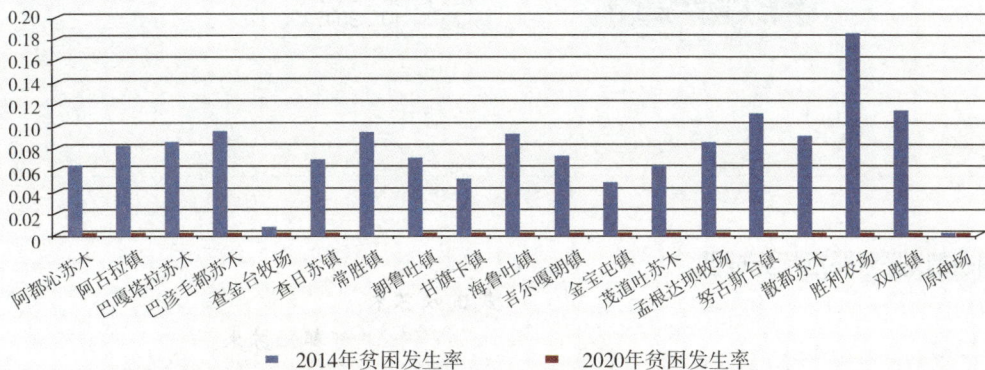

脱贫攻坚工作开展部署图和贫困发生率统计（图表中的"巴嘎塔拉苏木"即文中的"巴胡塔苏木"）

治国理政突出位置。科左后旗全面贯彻落实党中央扶贫攻坚的战略部署，坚持党的领导，坚持以人民为中心，坚持党政"一把手"负总责，着力在真扶贫、扶真贫、真脱贫上下功夫。坚持做到扶持对象精准、项目安排精准、资金使用精准、措施到户精准、因村派人精准、脱贫成效精准，通过因人因地施策、因贫困原因施策、因贫困类型施策，做到对症下药、精准滴灌、靶向治疗，实现了脱贫摘帽，贫困村全部出列，贫困人口精准脱贫。做到发展为了人民、发展依靠人民、发展成果由人民共享，让全旗各族群众彻底摆脱贫困，在全面建成小康社会的金光大道上快步前行。

贫困发生率统计

精准扶贫工作开展以来，科左后旗累计减贫13029户34143人，贫困发生率由11%降至0.04%。

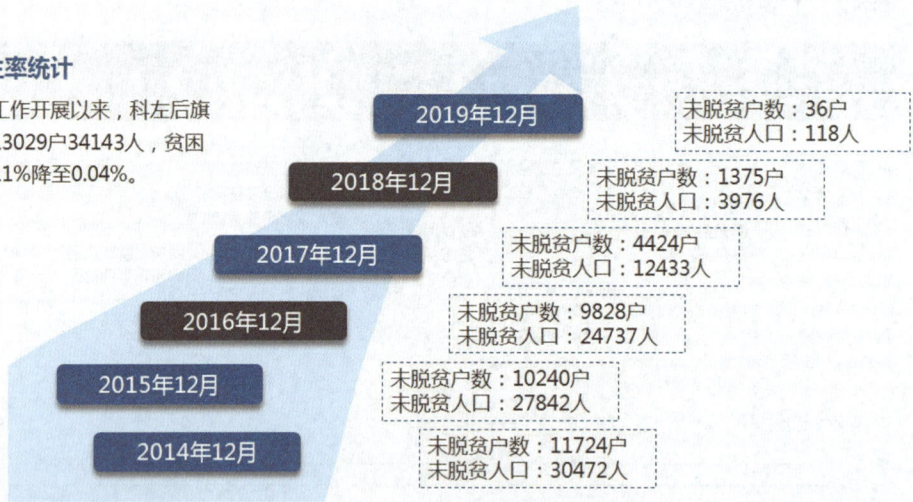

2019年12月
未脱贫户数：36户
未脱贫人口：118人

2018年12月
未脱贫户数：1375户
未脱贫人口：3976人

2017年12月
未脱贫户数：4424户
未脱贫人口：12433人

2016年12月
未脱贫户数：9828户
未脱贫人口：24737人

2015年12月
未脱贫户数：10240户
未脱贫人口：27842人

2014年12月
未脱贫户数：11724户
未脱贫人口：30472人

脱贫攻坚分解指标完成图

茂道吐苏木
未脱贫：2户9人口
已脱贫：703户2171人口

阿都沁苏木
未脱贫：3户11人口
已脱贫：616户1848人口

金宝屯镇
未脱贫：0户0人口
已脱贫：570户1547人口

查金台牧场
未脱贫：0户0人口
已脱贫：4户人口

努古斯台镇
未脱贫：2户6人口
已脱贫：474户1456人口

原种场
未脱贫：0户0人口
已脱贫：0户人口

巴彦毛都苏木
未脱贫：0户0人口
已脱贫：340户923人口

阿古拉镇
未脱贫：0户9人口
已脱贫：825户2377人口

海鲁吐镇
未脱贫：5户16人口
已脱贫：1274户3900人口

巴嘎塔拉苏木
未脱贫：5户18人口
已脱贫：518户1440人口

胜利农场
未脱贫：0户0人口
已脱贫：12户49人口

双胜镇
未脱贫：13户37人口
已脱贫：1395户4433人口

朝鲁吐镇
未脱贫：1户5人口
已脱贫：510户1454人口

吉尔嘎朗镇
未脱贫：3户10人口
已脱贫：1068户2808人口

查日苏镇
未脱贫：1户4人口
已脱贫：817户2265人口

甘旗卡镇
未脱贫：1户2人口
已脱贫：961户2575人口

常胜镇
未脱贫：0户0人口
已脱贫：937户2395人口

散都苏木
未脱贫：0户0人口
已脱贫：529户1517人口

孟根达坝牧场
未脱贫：0户0人口
已脱贫：11户人口

贫困发生率统计与脱贫攻坚分解指标完成图

第2章

抚今追昔咎原委

脱贫攻坚一定要扭住精准，做到精准扶贫、精准脱贫、精准到户、精准到人，找对"穷根"，明确靶向。

——习近平

风雨砥砺，岁月如歌。回首过去，科左后旗作为边疆少数民族地区，受经济、社会、历史、自然、地理等方面的制约，经济社会发展一直严重滞后，与其他地区，特别是与发达地区相比在经济、社会、文化等方面存在较大的差距，低收入人口占比大，有相当一部分农牧民群众经济收入甚至不能维持其生存的基本需要，过着生产靠贷款、吃粮靠返销、花钱靠救济的生活。到2010年底，科左后旗贫困人口

20世纪末科左后旗农牧民居住环境状况

人均纯收入一直徘徊在 1050 元，比内蒙古自治区 1800 元的贫困线标准低 750 元。

科左后旗有着丰富的土地资源，但一直以来生产方式落后、产业结构单一，"靠天吃饭"的观念根深蒂固，种植业、养殖业基础差、规模小、效益低，加工业不配套，不能形成完整的产业链条，经济结构是一产弱、二产小、三产散，全旗贫困发生率远远高于内蒙古自治区贫困发生率。

一、黄沙肆虐大地泣

科左后旗地处科尔沁沙地核心区，除东部一角属辽河冲积平原外，其余皆是以沙丘、沙地为主要特征的地貌类型。境内地势呈现由西南向东北再向东南逐渐降低趋势，坨甸相间交错，沙丘连绵起伏，洼地纵横分布。20 世纪 70 年代至 90 年代初，科左后旗的生态环境基本是："一年一场风，从春刮到冬。屋里白天要点灯，屋外抬脚不见踪。"黄沙漫天、风沙肆虐，全旗沙化面积一度达到 80%，是全国土地沙化严重、生态环境脆弱、群众生活困难的边疆少数民族聚居地区之一。

科左后旗生态环境恶化与科尔沁草原变成科尔沁沙地相向而行。科尔沁草原沙化，一方面是因自然环境变化，气温升高，降水波浪式递减，春夏季蒸发量增大，干旱化进程加剧；另一方面是清朝中期开始，人口大量涌入，为了解决吃饭问题，大面积开垦草原。垦荒，虽然暂时解决了吃饭问题，但是农耕对草原的侵蚀直接造成了科尔沁草原的沙化。

进入 20 世纪 70 年代，由于连续干旱，科左后旗境内河流常年断流，大部分自然湖泊干涸，绝大部分地区地下水位大幅下降，导致

生态治理前科左后旗严重沙化的草牧场

黄沙肆虐　沙进人退

一些植物灭亡，生态系统失去平衡，加速了沙漠化的扩大和沙丘的形成。

20世纪70年代末，"大风呼呼刮，遍地起黄沙；无风三尺土，沙撵人搬家"的悲歌取代了科尔沁草原悠扬浪漫的蒙古长调，滚滚黄沙掩埋了绿色家园。那时的科左后旗耕地牧场沙化、草甸地盐碱化、生态植被退化，森林覆盖率仅为5.1%。一些风沙灾害严重的地方，每年春耕甚至出现"三刮四种、沙进人退"的现象。每亩农田粮食产量仅有200多斤，远低于全国平均水平；农牧业人均纯收入仅83元，大大低于当时全国人均463元的水平。

生态恶化，土地沙化，生活在这里的各族群众陷入贫困化。耕地草场沙化严重，遇到大旱之年，农作物几乎颗粒不收，草场灰黄一片——漫山遍野黄沙扬，牛羊无草人缺粮。"种一坡，收一车。打一筲箩，煮一锅。"花钱靠贷款，吃粮靠返销，这是当年科左后旗群众生活的真实写照。

二、追根溯源找症结

高度沙化的科左后旗，历史上曾经是水草丰美的大草原。从春秋战国时期开始，北方游牧民族就在这处"天苍苍，野茫茫，风吹草低见牛羊"的土地上繁衍生息。

科尔沁草原历史上曾经是河川众多、水草丰茂之地。据记载，10世纪时，科尔沁草原的自然条件是："地沃宜耕植，水草便畜牧。"直至19世纪初，科尔沁大部分地区还留有大面积草植被及森林。但至19世纪中后期开始，西辽河流域滥垦、森林砍伐以及移民等诸多因素，导致下游水源严重短缺，生态平衡遭到严重破坏，甸子地不断缩小，坨子地扩大，沙化面积急剧增加，历史上曾经美丽的科尔沁草原

"二马车，慢悠悠，一路颠簸，一身沙土"是扶贫开发前农牧民出行的真实写照

开垦坨子种庄稼，结果是"种一坡，收一车。打一笸箩，煮一锅。吃一顿，剩不多"

变成了令人闻之色变的科尔沁沙地。

科尔沁草原的生态环境恶化始于清末。这个时期是科尔沁草原开发、利用、破坏最显著的时期。清朝政府实施垦荒、戍边政策，人口大量迁入，城镇兴起，草原变成半农半牧区。民国初期，中央政府通过制定并实施《禁止私放蒙荒通则》《垦辟蒙荒奖励办法》《边荒条例》，使科尔沁草原垦荒系统化、全面化、合法化、疯狂化。从1912年到1949年，经过近半个世纪的开垦，科尔沁草原水土相对肥沃的土地基本被开发成为农田。

新中国成立之后，长期受"以粮为纲"指导思想的影响，主要是为了解决人口激增的吃饭问题，对科尔沁草原的开垦并没有停止。在当时的特定历史条件下，开垦草原对促进地方经济发展、解决粮食短

实施脱贫攻坚前农村牧区基础设施是泥土路、黄土墙、趴趴房

散养散放的传统生产方式破坏生态，效益低

缺问题有着一定的积极作用。农业生产科技含量低，广种薄收，随着人口的增多，人们为了获取更多的粮食，养活增加的人口，就去开垦更多的非常脆弱的草原。"一年种，二年扔，三年变沙坑"，形成了开垦种地—草原破坏—风蚀沙化—片状沙化—整体沙化的恶性循环。

综合分析科左后旗陷入贫困的原因，主要有自然、社会、经济、人文四个方面的因素。

从自然因素上看，沙化造成人均优质耕地、草场面积减少。耕地和草场是农牧民赖以生存和发展的物质基础，也是他们获取收入的主要来源。优质耕地和草牧场的减少，直接关系到粮食产量和牲畜养殖数量，直接影响农牧民的收入；农村牧区道路、通信、电力等基础设施落后，抵御自然灾害的能力弱，造成无灾难增产、小灾小减产、大灾大减产的现象出现。

从社会因素上看，城镇化水平低，农牧民劳动力转移渠道不畅，现有城镇产能融合水平低，承载能力有限，影响了农牧区劳动力向非农牧业有效转移；教育水平低，教学质量差，造成农牧民受教育程度不够，贫困发生率高；医疗卫生条件差，农村牧区缺医少药，影响农牧民身体健康，进而影响人力资本的积累，加重贫困程度。

从经济因素上看，产业结构不合理。科左后旗作为半农半牧经济类型区，产业结构长期处于"一产独大、二产弱小、三产不活"的困窘状态，一产又以种植玉米和粗放养殖为主。劳动力主要从事第一产业，效益低，影响农牧民收入；农牧业基础设施投入不足，科技含量低，粗放经营，粮食产量和养殖业效益低；财政造血功能差，政府对农村牧区的基础设施投入能力不足，严重影响了农牧民生活水平的提高。

从人文因素上看，科左后旗部分农牧民群众生态意识淡薄，对生态"绿水青山就是金山银山"认识不高，生产经营中存在单纯追求种植面积、牲畜头数的传统观念，守着单一种植放养的粗放型生产方式和单户散居的生活方式不转变，受利益驱动滥牧、滥开、滥采、滥樵等掠夺式利用现象屡禁不止，存在"等靠要"思想，满足于小富即安、不富也安，贫困群众脱贫致富的内生动力不足。

三、穷则思变　踔厉风发

恶劣的环境、落后的生产、窘境的生活，广大农牧民期盼美好生活的愿望日臻强烈，从而激发了全旗干部群众"敢教日月换新天"的干劲。自 20 世纪 80 年代初起，科左后旗就坚持把生态修复和防沙治沙作为改善生态环境、人民群众安身立命、摆脱贫困的头等大事来抓。特别是近些年来，科左后旗紧紧抓住国家实施西部大开发、东北振兴、脱贫攻坚、乡村振兴的战略机遇，依托"三北"防护林、防沙治沙、退耕还林等一系列国家重点生态建设工程，加快推进防沙治沙步伐，取得了"人进沙退""绿肥黄瘦"的良好成效，实现了

锦鸡儿防风固沙效果明显

花现草原　比比皆是

整体治理速度大于沙化速度的良性逆转。与此同步，精准定位，精准施策，改造基础设施，发展黄牛产业，农牧民生产生活质量日新月异。

《金色故乡》伴您走进
英雄上马的地方

第 3 章

勠力同心战扶贫

扶贫开发是全党全社会的共同责任，要动员和凝聚全社会力量广泛参与。

——习近平

扶贫开发是一项复杂的社会系统工程。长期以来，政府作为脱贫公共产品的主体，在我国脱贫实践中取得了举世瞩目的成就。但从现实看，仅靠单一的力量来推动脱贫攻坚，有悖中国特色社会主义市场经济的发展要求。打赢脱贫攻坚战，组织领导是保证，社会动员是关键，内生动力是根本。科左后旗贫困人口众多、贫困原因多元、贫困属性复杂、脱贫难度巨大。旗委、旗政府积极探索、凝心聚力、顽强奋斗，自始至终坚持党政主导，动员全社会参与，构建政府、社会、市场协同推进的大扶贫格局，形成了跨地区、跨部门、跨单位、全社会共同参与的多元主体的社会扶贫体系，走出了一条群策群力、革故鼎新具有科左后旗特色的减贫道路。

一、党建引领　精准发力

习近平总书记强调，越是进行脱贫攻坚战，越是要加强和改善党的领导。近年来，科左后旗狠抓基层党组织建设，大力整顿软弱涣散嘎查村党组织，补短板、强弱项，增强政治功能和提升组织力，充分发挥基层党支部在脱贫攻坚一线的战斗堡垒作用。努力提高党员干部的政治素养和工作能力，锻造出一支留得住、能战斗、带不走的基层党员干部队伍，发挥党员干部在宣讲扶贫政策、整合扶贫资源、分配扶贫资金、推动项目落实等方面的主体作用，将党的政治优势、组织

脱贫攻坚推进会

优势转化为扶贫优势、发展优势。全旗 1009 名驻村干部、2147 名结对帮扶干部与万余名嘎查村党员干部勠力同心，携手共进，始终奋战在脱贫攻坚最前沿，成为如期实现脱贫摘帽目标的核心力量。

阿力顺文都嘎查：党建领航、干群同心奔小康。阿力顺文都嘎查是科左后旗海鲁吐镇 8 个重点贫困村之一。自脱贫攻坚工作开展以来，嘎查党支部抓紧抓牢党建引领，以发展产业为支撑，全力推进脱贫攻坚各项工作开展。2015 年建档立卡贫困户为 200 户、600 人，截至 2019 年 12 月，已全部脱贫，贫困发生率清零，年人均纯收入达到 10600 元。

阿力顺文都嘎查在脱贫攻坚中充分发挥党支部战斗堡垒和党员先锋模范作用，着力加强自身建设，严格落实"三会一课"等党内组织生活，丰富党员固定活动日形式，规范化建设得到明显改善。组织党员开展扶贫主题学习、成立志愿者小分队、党员中心户挂牌授花、贫困党员讲述脱贫故事、与贫困户一起包饺子过大年等活动，用身边事教育感动身边人，让贫困群众感受到党的关怀和温暖，激发脱贫致富内生动力。引导贫困农牧民转变思想，树立主动脱贫的思想，做到"输血与造血""扶志与扶智"相结合。

阿力顺文都嘎查党支部研究安排脱贫攻坚工作

　　阿力顺文都嘎查党支部围绕全旗黄牛养殖优势，确定了"黄牛产业主导，多产业模式辅助发展"的产业思路。党支部牵头成立了蒙源养殖专业合作社，为36户无劳动力贫困户托管基础母牛36头，每户每年可分红1500元。2018年，为贫困户每户一次性支付分红资金4500元，同时实现集体经济增收2万元。协调各类贷款、扶持资金1000余万元，修建棚舍60座、青贮窖66座，购买青干饲料切碎机68台。推进粮改饲进程和高效农田项目建设，落实浅埋滴灌项目930亩，发放青贮籽3000斤，全嘎查种植青贮面积达1.3万亩；引导贫困户发展庭院经济，为贫困户发放果树苗3000棵（锦绣海棠），蔬菜籽260斤、品种10多种，秧苗5000多棵，协调家和农牧业有限公司建设了350平方米的蔬菜大棚，使贫困户实现了从"不会种菜"到"种菜增收"的转变。

　　阿力顺文都嘎查党支部凝心聚力，攻坚克难，一个项目一个项目争取，一件事一件事落实，真心实意为群众特别是贫困户做好事解难题，全嘎查正在向"农牧业强起来、农牧民富起来、农牧区美起来"的发展目标迈进。

　　呼勃嘎查：集体强村富民。 科左后旗散都苏木呼勃嘎查党支部带

阿力顺文都嘎查党支部成员积极参与志愿服务活动

领党员群众以抓党建促脱贫攻坚为统领，不等不靠，因地制宜，充分挖掘自身优势，找准致富产业，盘活山林、土地等可利用资源，通过引进龙头企业，发展支柱产业，探索出"党支部＋合作社（企业）＋农户"的脱贫模式，形成了"一村一品"的产业发展格局，将"空壳村"建设成了"产业村"。在嘎查顺利退出贫困村行列的同时，嘎查集体年经济收入达到15万元以上。

2018年，呼勃嘎查党支部通过招商引资，引进沙棘种植项目。沈阳爱沙森沙棘种植有限公司投入资金40万元和沙棘树苗，嘎查利用呼勃自然屯800亩集体林地入股，合作种植沙棘。每亩可产沙棘果300—400斤，沙棘果成熟后，公司按照每斤1.85元回收所有沙棘果，企业与嘎查集体按照6∶4进行收益分配，嘎查将集体收益的75%作为集体红利分给呼勃自然屯193户农户，每户收益约800元，剩余收益约5万元作为嘎查集体经济积累。

2018年11月，呼勃嘎查党支部与沈阳市天艺手工艺品厂、广东工艺品厂达成合作协议，由企业提供产品订单并负责培训及销售，

散都苏木呼勃嘎查的扶贫车间

嘎查组织村民按标准要求进行生产加工产品。嘎查党支部协调上级扶贫项目资金 70 万元，购买缝纫机械 34 台，建起 900 平方米的加工车间，安排 60 余村民家门口实现就业，月增收 2000 元以上，嘎查集体年增收 5 万元以上。嘎查呈现出集体经济强、村民富裕的良好局面。

赞丹：坚守初心，不负韶华。80 后的赞丹是科左后旗自然资源局党办主任，2018 年 4 月，组织派她到巴胡塔苏木边布拉嘎查担任第一书记、工作队长。两年多的工作经历，成为她一生中最宝贵的财富。

从到边布拉嘎查的那天起，赞丹就下定决心，一定要让边布拉嘎查甩掉贫困的帽子。边布拉嘎查全是布满坑洼的泥土路，一下雨就泥泞不堪，车进不去出不来，只能靠肩挑马拉，特别耽误事儿。她要让"泥途"变"通途"。她一次次跑巴胡塔苏木和科左后旗自然资源局等部门争取项目、筹措资金，最终为村民修建了一条连接 2700 亩农田、6.5 公里长的沙石路，2.5 公里的排水沟，2750 米的堤坝。平坦的沙

赞丹与贫困户五月（盲人）结亲

石路通向每个村民小组、每家的农田，村民下雨时出行再也不用发愁了。

村民杜吉雅家中有两个孩子在上学，因债务致贫，生活十分艰难。赞丹了解情况后，协调莫旺集团为两个孩子争取到了每年2000—3000元的教育资金，解决了孩子上学的后顾之忧。又鼓励杜吉雅发展家庭养殖业，如今，杜吉雅家的小院干净整洁，院子里的鸡鸭三五成群，生产的"笨鸡蛋"和"扶贫鸡"在赞丹帮助下供不应求。

70岁的明根白乙拉，前几年给老伴儿治病把房子卖了，钱花光了，可还是没能留住老伴儿，老汉心情一度很沮丧。赞丹了解情况后，与村干部多方协调，得到旗委、旗政府的大力支持，让他住进了"幸福互助院"。

为了丰富村民的业余生活，每个节假日都是赞丹最忙碌的日子。通过举办各种移风易俗树新风活动、趣味运动会等，并和村民聊家常、"结穷亲"，把党和政府的关怀送到村民的心窝里。赞丹在扶贫攻坚第一线找到了实现自己人生价值的舞台。

宝山：脱贫路上的"好当家"。昔日的吉尔嘎朗镇毛仁塔拉嘎查土地贫瘠，靠天吃饭，半农半牧，村民收入不高不稳定，一旦发生天灾人祸，村民缺吃少烧，就会陷入贫困。2014年，嘎查有贫困家庭68户、188人。

2015年，42岁的宝山放弃了城市高薪的工作与舒适的生活条件，回到了吉尔嘎朗镇毛仁塔拉嘎查，出任党支部书记。宝山全身心投入

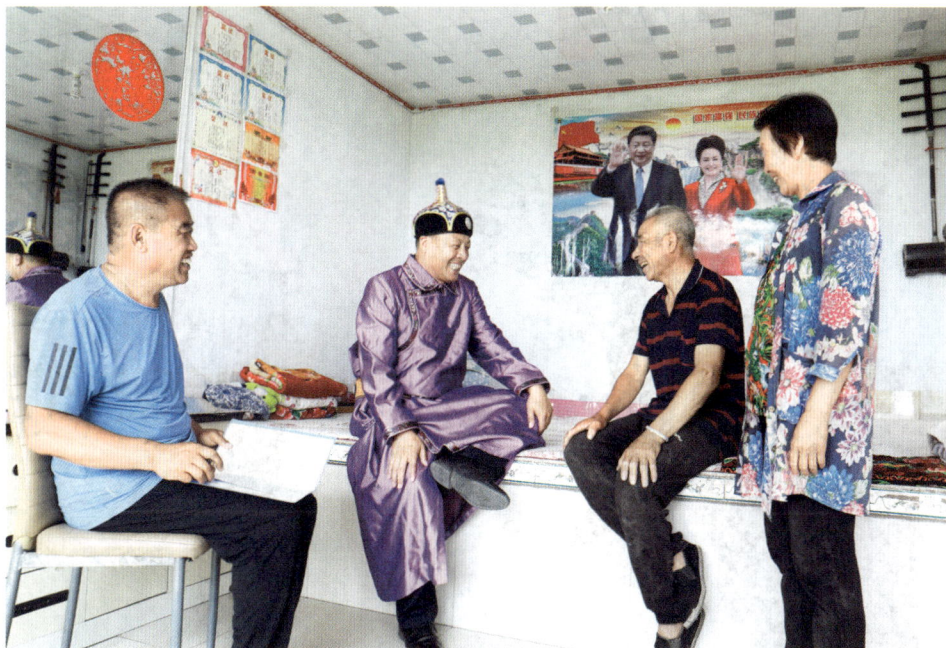

宝山到贫困户巴根那家走访

工作当中，为了乡亲们过上好日子，他废寝忘食，短短几年时间里，就让毛仁塔拉嘎查发生了天翻地覆的变化。

脱贫攻坚开展以来，宝山认识到培养贫困户的脱贫致富志气和决心是关键。他多次召集"两委"班子开会，研究脱贫攻坚事宜，推进扶志和扶智工作。他带领班子成员挨家挨户走访低保户和贫困户，听取他们的意见需求，并对他们说："有困难你们就说，党支部是贫困群众的靠山！"从而使贫困群众有了战胜困难的信心和勇气。他还帮助贫困户制定适合自己的脱贫致富方案，采取党员包联和亲朋助贫措施，提升了脱贫成效。几年来，他多次主动协调旗内各家金融机构，为贫困群众贷款，解决贫困户燃眉之急。为实现公平公正公开，宝山亲自把关，将扶贫项目和资金按照上级要求，分文不差地及时落实到贫困户，让他们以最快的速度最大限度地受益，保障困难群众早日脱贫。

在工作实践中，宝山敏锐地认识到："一家一户的扶贫只能解决

宝山与"两委"班子成员共同商议脱贫攻坚工作

眼前问题，要想真正实现共同富裕、全面小康，嘎查必须要有自己的主导产业，要有集体经济作支撑。"2015年，宝山和"两委"班子经过多次集体讨论研究，决定将集体耕地转包给农户，在转包费收入6.16万元的基础上，争取到旗财政35万元土地流转集体经济专项资金，修建了370平方米牛棚，2500平方米活动场地，第一批购买了46头优质西门塔尔牛犊，搞起了集体养牛。截至2018年底，嘎查集体经济实现利润16.9万元。

2016年9月，经协调，宝山从镇政府先后争取到45万元资金，以"铁牛轮养"（政府出资购买的母牛，产权归政府所有，繁殖的下代牛产权归贫困户所有）模式，扶持建档立卡贫困户发展黄牛产业。依托集体养牛场地代养铁牛，给贫困户每年每人分红1093元。截至2019年12月，毛仁塔拉嘎查2口人的贫困家庭至少拥有3头能繁母牛，4口人的贫困家庭至少拥有5头以上能繁母牛，实现了贫困户家家有牛、有产业。

董立刚：带着孩子驻村扶贫。董立刚是通辽市食品药品监督管理局的一名干部、驻科左后旗双胜镇二道壕村的"第一书记"、扶贫工作队队长。儿子董清原来在通辽市实验小学读书，董立刚长期驻村，每次答应儿子回家看他总是兑现不了，董清等不来爸爸，董清因为想念爸爸就自己坐火车去科左后旗找爸爸。董立刚深知小学六年级的孩子，需要父亲的陪伴和教育，但在轰轰烈烈的脱贫攻坚工作中，一方面是驻村 2000 多名群众的殷切期盼，另一方面是需要照顾的儿子，作为一个负责任的男人，他只能把两方面的责任一起扛在肩上。于是，他将儿子转学到科左后旗双胜镇向阳中心校，把父子相隔的距离缩短了。但是他工作起来没有双休日，不分白天黑夜，他只好让儿子住校，周末才把儿子接到身边，晚上给儿子做饭，与儿子沟通交流，这是父子俩每周最幸福的时光。

生活中董立刚既当爹又当妈，工作中董立刚对待贫困群众胜似亲人。

董立刚走访贫困户

他自掏腰包给贫困户交保险、垫医疗费、送慰问金，联系企业捐助米、面、衣物……董立刚用实际行动温暖着每一个贫困户。

全村80户贫困户他挨家挨户跑了多少遍已经记不清，凡是建档立卡户，家住哪趟街、家里几口人、生活怎么样、收入靠什么、困难在哪里，说起来他都如数家珍。

二道壕村人多地少，村集体经济滞后，董立刚与工作队的同志，一边学习领会上级扶贫政策，一边瞄准问题想对策、找出路。为推动产业扶贫，董立刚努力争取项目追加资金15万元，帮助村里启动饲料厂建设，又通过原单位协调企业出资5万元，解决了通电问题。现在，这家村办的饲料厂已投产运营，这是二道壕村有史以来建起的第一家村集体企业，尽管刚刚组建，却让贫困群众脱贫致富有了奔头。

通过引导农户在自家庭院种植沙参、桔梗等中药材，全村共盘活土地100多亩，实现户均增收近1000元。另外，还成功引进了喀喇沁旗牛家营子镇药材种植项目，组织群众一次落实地块300多亩。

董立刚一心扑在扶贫工作上，为贫困户办的事数不胜数，让产业发展的"红利"惠及所有贫困群众，是他的最大愿望。如今，二道壕村已有68户贫困户实现了产业链增收，为打赢脱贫攻坚战奠定了坚实基础。

每当夜幕降临，儿子问："爸爸，咱们啥时候能回家啊?""等贫困户都脱贫了，咱们就回去!"董立刚说。

二、志智双扶 激发内力

扶贫先扶志，扶贫必扶智。科左后旗把志智双扶作为提升农牧民文明素质的重要抓手，突出思想武装，推进移风易俗，为决战决胜脱贫攻坚、实现乡村振兴凝心聚力。着眼于群众文明素质养成，创新推出移风易俗"3+2+X"（3：村规民约、红白理事会、"五美一示范"活动；2："移风易俗管理监督榜"和"嘎查村明星榜"；X：各地各部门的特色活动）工作法，并在全旗 283 个嘎查村（分场）全面推开，引导农牧民摒弃落后习俗，弘扬新风正气。全旗共建立红白理事会 283 个，据不完全统计，每年为广大人民群众节省人情开支 2 亿元以上。积极引导贫困群众依靠自己的双手创业致富，发展产业增后劲。在贫困群众中大力宣传"勤劳致富光荣、懒惰致贫可耻"的理念，借助新时代文明实践中心建设，着力打造"新时代农牧民培育基地"。充分利用农牧企业、合作社等，开展技能培训活动。每年举办汽车驾驶、家政服务、母婴护理、电气焊、烹调等技能培训，让贫困家庭成员至少掌握一门致富本领。为农牧民提供就业信息，建立贫困家庭本科以上学生就业"绿色通道"，帮助贫困农牧民务工就业，让贫困群众认识到好日子是干出来的。

推进移风易俗　助力脱贫攻坚

农牧民积极参与移风易俗活动

农牧民自发组织集体祝寿活动

查日苏镇：移风易俗荡新风。科左后旗查日苏镇浑特嘎查针对村民中存在的红白事大操大办、铺张浪费和封建迷信、黄赌毒、非法宗教活动等现象，2015 年率先成立红白理事会，党员干部带头在群众中开展签约承诺、定期评比等一系列活动，引导群众红白事简办或者不办。开始村民不理解，觉得自家遇到宴请的事儿，一下子不办了，随出去的钱岂不是回不来了？再说红白事是老习俗，要的就是场面，赚的就是面子。现在说不让办了，党支部、村委会这不是"狗拿耗子多管闲事"吗？针对村里的风言风语，党员干部一家家走，给村民讲政策、算细账，一点一点做通了工作。村上红白事大操大办之风戛然而止，浑特嘎查的做法在查日苏镇推开，为农牧民群众卸下了"人情债"的负担。

查日苏镇借鉴浑特嘎查的做法，在各嘎查村都组建了以有威望的老党员、老干部、"两委"班子成员为主体的红白理事会、道德评议会，制定村规民约，倡议广大村民以实际行动破旧立新、移风易俗。推出移风易俗优惠政策，对支持和积极参与移风易俗的家庭，优先享受村"两委"争取的各项优惠政策；参加集体升学礼的，优先办理助学贷款及各类证明；参加集体寿宴的家庭，免费拍摄全家福照片；对参加集体婚礼的家庭，免费拍摄婚纱照。每年全镇婚丧嫁娶等"人情债"支出就省下 2000 余万元。

吴长生：我坚决不当贫困户。在科左后旗海鲁吐镇阿力顺文都嘎查，只要提到吴长生，村民都竖起大拇指："他是条硬汉子，是我们全村人的榜样。他身残志坚，勤劳肯干，我们打心眼儿佩服！"

7 年前的秋天，吴长生在操作收割机帮村民秋收时，右手意外卷入机器不幸致残。原本好端端的大男人，一下子失去了右手，给他身心带来沉痛打击。平时习惯用右手干活儿的他，失去了右手一度给他的生产、生活带来了诸多不便。想到筹钱买来的收割机，还没回本就发生了意外，他们一家陷入了困境。

2014 年，吴长生被确定为建档立卡贫困户，一年后，他依靠产业扶贫政策摘掉了贫困户的帽子。

2017 年底，考虑到吴长生家两个孩子上学开销大，生活压力重，村民代表大会上，经过民主评议，决定将吴长生确定为贫困户。然而，就在有人争着抢着戴一顶"贫困户"帽子的时候，吴长生却"反其道而行之"，迎难而上不等靠要。他站出来表态："这个贫困户我不当，我要靠自己的能力致富。""不当贫困户，错过了多少好政策"，"真是逗能"，村民背后笑他傻，笑他打肿脸充胖子，吴长生却认准了"幸福是奋斗出来的，我在最困难时期依靠党的好政策已经脱贫，不能再等靠要了"。

面对困境，凭着勤劳和坚强的毅力，他没有自暴自弃，开始琢磨适合自己的脱贫渠道。他贷款 5 万元购买了 4 头牛，经过两年多时间的精心饲养，发展到了 21 头牛。牛养起来了，他开始琢磨着发"羊

吴长生身残志坚　生产劳动亲力亲为

财"。吴长生卖了一头公牛换来 15 只小尾寒羊，养羊成本低，赚钱还快。养羊的第一年，下了 30 个羊羔，一只羊市场价 700 多元，收入 2 万多元。第二年发展到 50 只，如今，吴长生家的羊已经发展到了 90 多只。

乌兰巴热：眼盲心不盲，脱贫有力量。走进科左后旗阿都沁苏木乌列斯台嘎查乌兰巴热、包秀英夫妇家，映入眼帘的是漂亮的大门、整洁的院落，房前一排盆

乌兰巴热为牲畜加工饲料

栽花在阳光的映照下生机盎然。谁能想到，这家的主人是一位双目失明的残疾老人。

一天，乌兰巴热两口子坐在炕上，拿着账本，细算两个人欠下的债款。乌兰巴热视力一级残疾，包秀英患有慢性病，需常年吃药，曾经为了看好病借了高利贷，欠下了高额债务。精准扶贫工作开展以后，乌兰巴热家被识别为建档立卡贫困户，一系列帮扶措施落到了他们家。政府协调贷款为他家买了 1 头牛、6 只羊、4 头母猪，现在他家已经有 3 头牛、30 多只羊，上一年卖仔猪的收入达 4 万元。平日里，包秀英外出打工挣钱，乌兰巴热就在家里照料这些牲畜。一根拐杖就是乌兰巴热的眼睛，他靠慢慢摸索，在熟悉的院子里精心照料着家里的这些来之不易的牲畜。夫妻俩克服疾病缠身的困难，靠着坚韧的毅力和勤劳的双手，在政府扶贫政策的帮助下，日子一天天变得好起来，成为村里的脱贫典型户。眼看着日子好起来有奔头了，包秀英、乌兰巴热两口子心里更踏实、信心也更足了，也越发能吃苦了。尝到

养殖致富甜头后，他们想继续扩大规模，带动其他贫困群众共同增收致富。

乌云娜：用坚韧推开困难，用勤劳战胜贫穷。乌云娜是科左后旗巴彦毛都苏木巴彦毛都嘎查普普通通的村民，而她全靠着自己勤劳的双手和坚韧的毅力，撑起了脱贫致富梦想。

56岁的乌云娜，从小患腿疾，肢体三级残疾。在纳入建档立卡贫困户之前家里没有任何牲畜，仅靠微薄的种植业收入与儿子相依为命，家庭经济条件非常困难。2014年，精准扶贫工作中，通过申请被嘎查、苏木识别为建档立卡贫困户。

2017年1月，在嘎查"两委"、驻村工作队和包联干部的共同帮助下，乌云娜争取到金融扶贫贷款5万元，确定了以养牛为主业实现脱贫的路子。乌云娜利用扶贫贷款购买了5头基础母牛，又利用其他帮扶资金购进了4头基础母牛，现存栏黄牛14头。乌云娜计算着到2020年还完扶贫贷款，黄牛存栏10头以上。

勤劳肯干的乌云娜还申请了19亩浅埋滴灌项目，原先的不毛之地变为良田，每亩产量达到800斤，既提高了家庭收入又解决了青贮饲料短缺的问题，还获得了项目补贴资金3800元，真的是一举三得。在农闲时节，她利用庭院周围的空地种了茄子、豆角等蔬菜，现在自家的绿色蔬菜自给自足了，不像以前那样从集市上买。乌云娜，已经成为巴彦毛都嘎查勤劳致富的一面旗帜！

海金：小小记账本，生活新风尚。配合脱贫

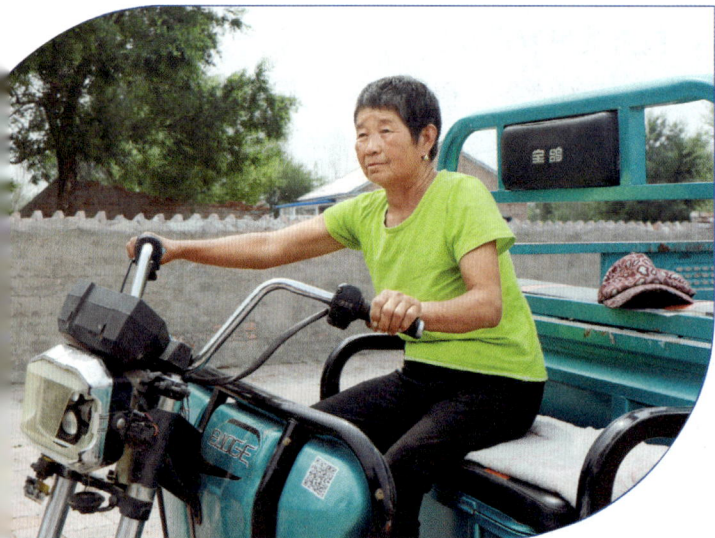

乌云娜驾驶电动车行走在乡间路上

攻坚，科左后旗巴胡塔苏木开展
"五比五争文明好家风"活
动，推行家庭记事本，引
导群众勤俭节约、精打
细算。记事本内容包括
年度生产计划、黄牛养
殖记录、生产生活日常
收支等情况。以嘎查为
单位进行业务培训，让
群众学会填写记事本。组
织驻村包联干部经常入户监
督指导，让群众长期坚持下去。

海金每日坚持记账

巴胡塔苏木 54 个嘎查村级志愿服务
队带动 965 个贫困户家庭推行"家庭小账本"，改
变群众生活陋习。召根苏莫嘎查的贫困户海金就是被"家庭小账本"
改掉生活陋习的。

海金烟瘾大，每天要抽 3 盒烟。平时媳妇劝他减量或戒烟，他还
理由充足地跟媳妇嚷嚷着，干活儿累，抽点烟不过分吧，一年也花不
了多少钱。自从建立了"家庭小账本"，媳妇拿着"家庭小账本"跟
他算起了经济账和健康账："你每天抽 3 包烟，得花 15—20 元，一个
月光买烟就得花 500 多元，超出了全家米面油等生活必需品的支出，
费钱不说，对身体也不好。"他看了媳妇每天的收支记录，下定决心
把烟戒掉了不说，还时常关注一家子的生产生活支出，每一笔支出都
精打细算，不该花的绝不花，尽量减少不必要的开支，养成了生活勤
俭节约、精打细算的好习惯。

白文军：微电影传播正能量。2016 年 11 月，白文军担任驻村扶
贫干部，他将工作中遇到的贫困户存在"等靠要"思想、产业扶贫不
被接受等情况进行提炼融合，创作出第一个扶贫主题的微电影《天

白文军在工作室剪辑微电影

冷了，注意保暖》。微电影讲述了主人公阿木尔的故事：阿木尔不喜欢劳动，政府给他提供贷款养牛，他不好好干，后来在女儿的激励下，开始发奋图强，扶贫干部帮助他找到适合的脱贫产业，最终顺利脱贫。

在进行贫困户精准识别时，白文军发现有一些边缘户争着想成为贫困户。为了宣传贫困户精准识别的政策，白文军又创作了第二部微电影《那一夜》。在影片中，两位村民争着让村干部把自己识别成贫困户，村干部通过详细解释识别标准，让他们明白："贫困户不是谁想当就能当，要看符不符合标准，更不能争当贫困户"。

白文军和同事、朋友组成微电影拍摄团队——正能量工作室，现在已经发展成有30多人的团队。他们又先后拍摄了讲述村民移风易俗的《三张桌子》、展现扶贫干部无私奉献的《大家小家》……白文军从扶贫工作中获取灵感，创作出多部微电影。这些微电影也成为向村民宣传扶贫政策、展现脱贫成果的窗口。

《大家小家》拍摄场景

三、民族团结　助力脱贫

习近平总书记指出，民族团结是各族人民的生命线。民族地区是我国发展不平衡不充分的突出地区，也是脱贫攻坚的主战场。民族地区的贫困治理不仅关乎全面建成小康社会，还关乎民族团结和边疆稳固。

科左后旗是全国县域蒙古族人口居住最集中的地区之一，蒙古族比例占 75.3%。加强民族团结，在打赢脱贫攻坚战中，有着十分特殊的作用和意义。科左后旗牢牢把握宣传教育入人心、党群活动心连心、产业发展富民心的要义，在加强民族团结中助力脱贫攻坚、在脱贫攻坚中促进民族团结，努力使民族团结进步事业的成效更好地体现在为各族群众谋利益上，使各族群众深切地感受到民族团结带来的实

民族团结开心花

惠，从而进一步增强各族群众维护民族团结的意识，最终实现共同繁荣发展、共同团结进步。

乌兰牧骑：增进民族团结的排头兵。科左后旗乌兰牧骑充分发挥"草原宣传轻骑兵"的重要作用，积极采取"理论＋文艺"的宣传方式，让理论融入文艺表演中，切实做到理论知识"入眼入耳""入脑入心"，增强了理论宣传对群众的吸引力和感染力。

"理论＋文艺"让群众坐得住。为了让群众既能看到喜闻乐见的文艺节目，又能在轻松愉悦的氛围中受到理论教育，乌兰牧骑充分发挥队伍专业精干、队员一专多能、节目丰富多样、装备轻便灵活的优势，积极开展集宣传性、教育性、互动性、群众性和趣味性于一体的基层文艺活动。通过理论宣讲"七进"活动，深入嘎查村贫困户、残疾户、空巢户、老党员户开展"送文艺进家门"活动，采取有奖问答、

乌兰牧骑走进农村牧区

发放宣传单、理论政策解读等形式，学习宣传党的各项方针政策和扶贫政策。开展脱贫攻坚以来，每年专题演出和各类文艺演出达 100 多场次。

"理论 + 文艺"让群众听得懂。为了让基层群众愿意听、听得懂，乌兰牧骑结合本地少数民族人口聚居较多这一实际，积极创作少数民族特色文艺作品，以"接地气、传得开、留得下"作为创作目标，创作了一批具有科尔沁文化特色、反映社会主义核心价值观和草原文化核心理念，小型多样、喜闻乐见的歌曲、舞蹈，乌力格尔、好来宝等原创节目。

"理论 + 文艺"让群众共参与。为了切实让基层群众广泛参与到文艺宣传活动中，乌兰牧骑面向农村牧区、社区服务中心派驻 16 名文艺辅导员，定期辅导农牧民群众、社区居民开展业余文艺演出和

演出活动现场　群众积极响应

"理论＋文艺"创作活动。每年农闲季节，都要深入基层开展各类文艺辅导活动，培育和发展基层文艺宣传骨干队伍和三弦儿、四胡、马头琴政策宣传创编能人，组织基层文化站开展"弘扬乌兰牧骑精神，到人民中间去"综合服务活动。

阿古拉镇：以绣为媒，团结互助辟出致富路。科左后旗阿古拉镇礽艺日玛花香手工刺绣专业合作社，从事具有民族特色的手工刺绣、蒙古袍刺绣、手工艺品制作等，传承和创新蒙古族手工艺品制作技艺。合作社负责人曙红说："成立合作社的初衷就是想通过这个平台，让更多想学习、有时间、有精力的贫困妇女加入进来，加快贫困家庭增收致富的步伐，回馈党和政府对我们的帮助。"

来小就是贫困户中因为加入合作社获得收益的一员。来小早年丧偶，又患上了甲亢癌，昂贵的化疗费用让这个本就贫困的家庭更是捉襟见肘。病情好转后，曙红找到她，鼓励她坚强面对生活，通过自己

祆艺日玛花香手工刺绣专业合作社

的双手减轻家里的负担。"生病之后，我本来已经对生活失去了信心，是合作社给我提供免费学习的机会，有了干头，有了收入，好日子也有了盼头"，提到合作社，来小流露出满脸的感激之情。

到 2019 年 12 月，合作社不仅吸纳了越来越多本镇的贫困户加入，还吸引了其他苏木镇贫困户主动加入，海鲁吐镇查干伊玛嘎查的包沙仁高娃、巴彦毛都苏木南阿巴海嘎查的斯琴高娃……她们在曙红的带领下实现了居家就业增收致富，增强了脱贫的信心。现如今，合作社 30 名入股成员中有 11 名原是贫困户，130 名绣娘中 30 名以上原是贫困户。

为了提升合作社整体技术水平，打造专业品牌，曙红多方寻求，不断吸引更多有技术、有才能的绣娘加入合作社，其中就有科左后旗有名的蒙古族刺绣传承人七月。"能加入这个合作社我真的很高兴，原来我们十几年、二十几年的作品都一直放着，现在能让更多的人看

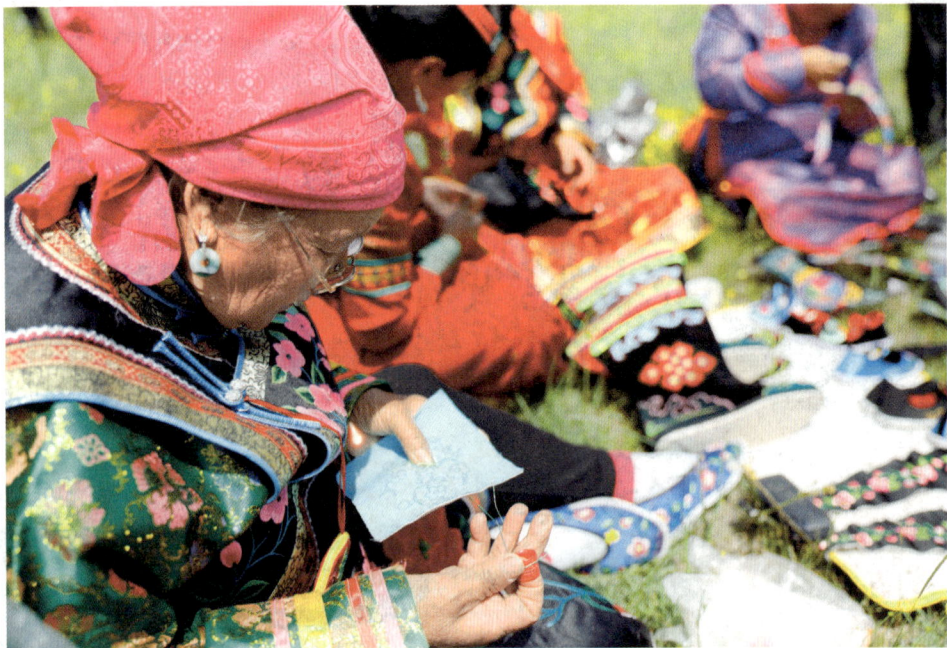

蒙古族刺绣传承人七月正在专心刺绣

见，让更多的年轻人去了解，这不仅是一种认可，更是一种传承。"在七月的带动下，她的两个儿媳、两个外孙女以及越来越多的专业绣娘都加入进来。

衩艺日玛在蒙古语中意为马兰花，象征着勤劳善良的劳动。在党和政府的关心支持下，合作社必将会日益壮大，在勤劳中致富、在致富中传承，在指尖中惊艳了生活、温柔了时光。

四、社会扶贫　彰显大爱

"只要人人都献出一点爱，世界将变成美好的人间"。近年来，科左后旗积极培育多元主体，创新参与机制，拓宽参与渠道，构建多赢模式，进一步汇集党政机关、企事业单位、群团组织、民营企业、社会组织、公民个人等扶贫资源，努力构建政府、市场、社会协同推进的工作格局，有力地推动了全旗脱贫攻坚工作深入开展。

大力实施"村企合作"。大力倡导企业扶贫，推进"万企帮万村"精准扶贫行动提质增效，鼓励企业通过资源开发、产业培育、市场开拓等形式投资兴业、培训技能、吸纳就业，带动贫困农户增收。共征集 15 家经济实力较强、社会影响较好的民营企业与 15 个贫困嘎查结对，企业从扶贫济困、产业帮扶、带动引导等多方面入手，帮助贫困群众脱贫致富。到 2019 年 12 月，直接资金投入已超过 100 万元，同时，通过托管代养、土地流转、入股分红、订单回收等多种方式，扶持带动贫困户发展生产，增强"造血"功能。

充分调动群众团体等社会各界投身扶贫攻坚。旗妇联建立散都

妇联组织的民族刺绣技能培训班

苏木"巾帼红"扶贫车间、银岭草原牧鸡等 8 个"巾帼脱贫示范基地"，全力做强妇女脱贫产业；全旗 262 个嘎查村全部建立巾帼志愿者队伍，以"美家美户奔小康"为主题大力开展"五美一示范""三美一净"评选表彰活动，引领乡风文明；开展"关爱救助送温暖"活动，为贫困"两癌"妇女发放救助金 98 万元；每年都为近万名农牧区妇女进行免费健康检查；深入实施"春蕾计划"和关爱留守儿童活动，募集社会各界救助款物价值 11.55 万元，资助儿童 356 人次。团旗委组织开展社会组织、爱心人士与贫困学生结对帮扶活动 13 次，帮助 30 名贫困学生圆满完成学业；组织科左后旗青年志愿者协会开展助残困活动 10 场次；开展"团聚青年志愿脱贫"行动，成立青年突击队 75 支，开展慰问贫困户、志愿清洁村容村貌 45 次；积极开展"移风易俗青年先行"活动，授予 20 名带头拒办升学礼的高考毕业生"移

志愿者积极参与农村牧区公益活动

风易俗优秀共青团员"称号,在全旗移风易俗活动中形成了较大的影响力。旗红十字会为大力弘扬"人道、博爱、奉献"的红十字精神,投入救助资金 50 余万元,用于癌症、尿毒症等大病患者及贫困家庭、受灾家庭的人道救助工作,400 余人受益;投入资金 20 余万元用于贫困学生及残障儿童的人道救助工作,150 余人受益;通过红十字"光明行"活动,有 200 余名贫困白内障患者接受了免费复明手术。

参与脱贫攻坚,人人皆能为、人人皆可为。社会各界众志成城、勠力同心,凝聚起强大合力,提振贫困群众主动脱贫精气神,激发全社会参与扶贫的热情,使扶贫工作由政府的"独角戏"逐渐转型为全社会参与的"大合唱"。

五、社会保障　兜底安民

科左后旗坚持标准不降,全面落实各项保障措施。紧紧围绕"两不愁、三保障",落实教育、医疗、社会保障等各项扶持政策,下足绣花功夫,保证精准落地。

2015 年,科左后旗将"家庭病床"制度进一步完善和延伸,开展了健康养老(医养一体)项目,主要针对敬老院患病老人住院陪护难的问题,由镇级卫生院在敬

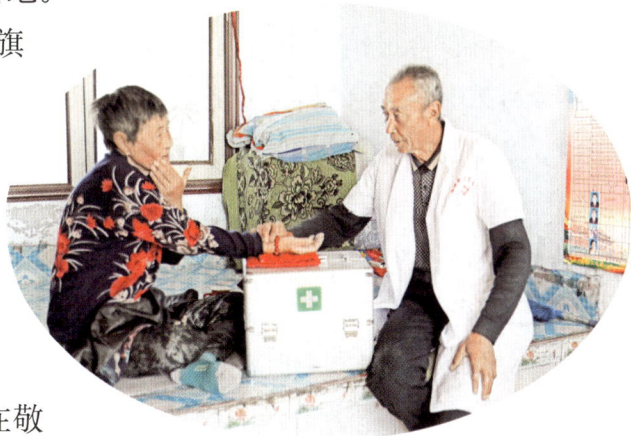

强化医疗保障

强化教育保障

老院设立卫生室，提供上门医疗服务，实现老有所养、老有所医、医养结合。在甘旗卡、金宝屯、吉尔嘎朗、茂道吐等敬老院共设立病床100余张，由卫生室医生和护士负责系统治疗和护理，新农合部门按照"家庭病床"项目标准给予报销。同时结合新农合门诊慢性病补偿办法，针对患有慢性疾病患者的门诊医药费用在年末给予报销。"家庭病床"项目和门诊慢性病补偿每年累计报销金额每人可达5000—6000元，新农合报销后患者自付部分由民政部门承担。据统计，从2014年到2019年底，科左后旗新农合设立"家庭病床"已经救治18319人，新农合补偿634万元。在开展健康扶贫方面，该旗因病致贫返贫的困难家庭普遍得到了有效救助。

暖心行动：各部门"现场办公"，绝不让大一女生辍学。科左后旗散都苏木光荣村低保贫困户张兴奎妻子王秀侠精神二级残疾，生活无法自理，张兴奎患有心脏病。这个家庭虽然生活很苦，但却因为有两个优秀的孩子而充满希望，女儿张娜在华北科技学院读大一，儿子张万祥在常胜中学读初三。然而天有不测风云，张兴奎突发心脏病去

扶贫办、团委、民政局、妇联等部门负责同志现场办公

世，家里的顶梁柱倒下了，一家人的天瞬间塌了。父亲意外去世，让懂事的张娜瞬间长大，在悲痛中强忍泪水扛起责任，提出辍学照顾母亲，让弟弟继续读书。得知这一消息后，扶贫办、团委、民政局、妇联会同苏木党委政府负责人第一时间赶往张娜家中了解情况，几个部门负责人当机立断，现场办公。由旗扶贫办牵头，苏木扶贫办配合，沟通姐姐王春霞照顾王秀侠。王春霞也是贫困户，于是，为她增设扶贫公益护理

张娜细心照料母亲

员岗位。由民政局牵头，将王秀侠家低保标准提档升级，由原来的 C 类调整为 A 类；由嘎查村申报，为王秀侠、王春霞两户申请临时救助资金，最高额度达到 5000 元；为张万祥申请事实无人抚养儿童，申请批复后，每月将领取 1800 元补助，直到大学毕业。由妇联、团委牵头，联系社会各界力量，进行募捐，结对救助。最后，由苏木政府牵头，协调常胜中学，免收张万祥一切费用；嘎查村建立张娜求学个人账户，集中管理各项捐款，保证用于姐弟俩读书；由光荣村村委会监督签订合同，将王秀侠家 4 头牛拿到王春霞家代养。暖心行动，让这个苦难的家庭看到了乌云遮不住的温暖阳光！

"家庭病床"，让占虎家医疗有了保障。占虎是努古斯台镇雅莫嘎查建档立卡贫困户，一家 5 口人，占虎残疾，女儿患脑瘫，妻子残疾又患有高血压，还有年迈的老母亲和未成年的小儿子。没有纳入贫困户之前，家里每年的医药费都得花好几千元，为了治病，家里的东西

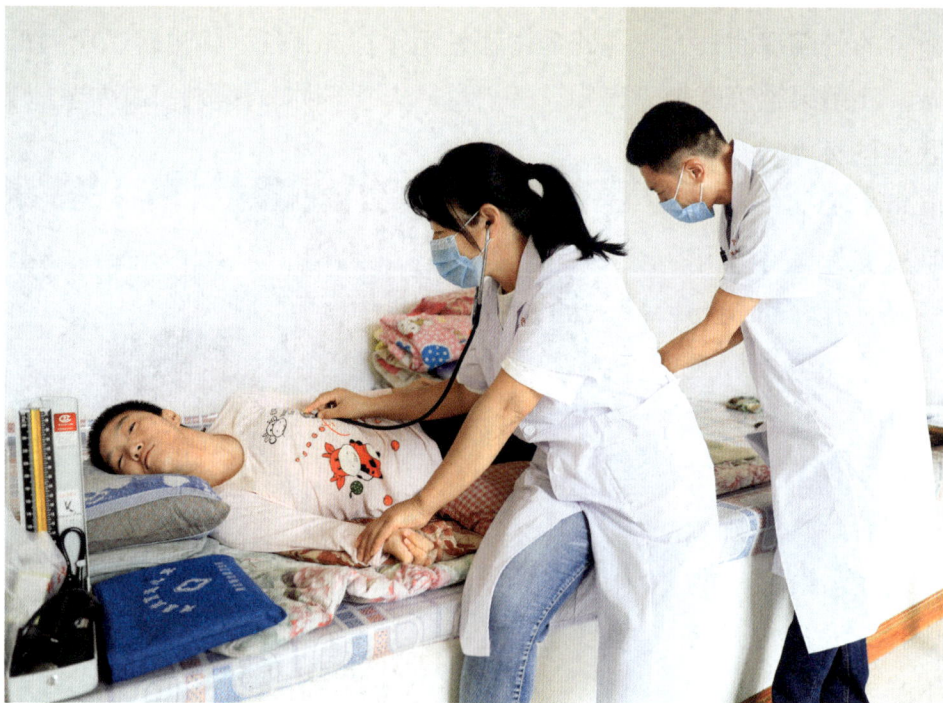

努古斯台镇卫生院医生到贫困户占虎家巡诊

能卖的都卖光了，只能靠低保金艰难地维持生计。2014 年，国家出台健康扶贫政策，女儿被纳入"家庭病床"管理范围，妻子的慢性病也得到了送医送药服务，卫生院的医生每个月都到占虎家进行巡诊治疗，给女儿、妻子免费送医送药，这些为占虎家每个月省去了 400 元的检查费和药费。老母亲患病，两次住院，每次都享受"一站式"诊疗服务，不掏钱就能住院治病。同时镇政府和帮扶干部为占虎家协调扶贫贷款发展养殖产业，现在占虎家的黄牛已经发展到了 8 头。帮扶干部还帮助占虎在附近的矿上找到了工作，让他有了稳定的工资收入，家庭人均收入达 5000 元以上，实现了脱贫摘帽。

说起家庭的变化，占虎眼含热泪地说："是政府和帮扶干部给了我们家全新的生活呀！"

毛慧书：一位普通女孩的求学路。1999 年 3 月出生的毛慧书，家住科左后旗查日苏镇布敦花嘎查，她学习成绩优异，成为全家转变生活的希望！

毛慧书在家中学习

当全家人正憧憬着美好生活时，父亲却被确诊为食道癌晚期，晴天霹雳般的噩耗，击垮了幸福的家庭，也击碎了毛慧书所有的梦想。全家人为了给父亲治病东奔西走到处借钱，让原本就清贫的生活更加雪上加霜，即便这样，也没能留住父亲！

自从父亲走后，毛慧书经受不住生活和精神上的压力，变得沉默寡言，不与人交流！她曾经很多次痛哭流涕对母亲说："妈，我不想上学了！我要出去打工。"

就在全家快要支撑不下去的时候，来自党和国家的光芒照进了这个不幸的家庭。驻村工作队精准施策，为全家制定了专属的脱贫方案。先是落实了低保政策，让全家不再为吃饭问题发愁；紧接着落实了5.2万元的扶贫项目资金，购买了4头基础母牛，还配套建设了青贮窖池等基础设施，让全家人有了稳定的收入和生活的动力。之后还

毛慧书与母亲打扫街道

落实了村级保洁员岗位、一站式服务、商业医疗补充保险、庭院经济和高中在校生补助等项目。这些来自党和国家的温暖，让全家人看到了生活的希望，也让这个小姑娘的思想悄悄地改变。

就这样，在驻村工作队的细心帮助下，毛慧书一家于 2017 年顺利脱贫。次年，毛慧书以优异的成绩考入了长春师范大学。按照"四个不摘"政策，驻村工作队一如既往地照顾着毛慧书一家。在毛慧书眼中包联干部就像无话不谈的知己，又像无微不至的父亲。去大学报道前夕，包联干部带着毛慧书到镇里办理了每学年 5000 元的助学贷款，还帮助她协调了每年 10000 元的在校生补助。这一切的一切都铭记在毛慧书心里。

六、心手相牵　谱写春秋

习近平总书记强调："要强化东西部扶贫协作。东部地区不仅要帮钱帮物，更要推动产业层面合作，推动东部地区人才、资金、技术向贫困地区流动，实现双方共赢。不仅要推动省级层面协作，而且要推动市县层面协作。"①"党政军机关、企事业单位开展定点扶贫，是中国特色扶贫开发事业的重要组成部分，也是我国政治优势和制度优势的重要体现。""做好新形势下定点扶贫工作……要坚持发挥单位、行业优势与立足贫困地区实际相结合，健全工作机制，创新帮扶举措，提高扶贫成效，为坚决打赢脱贫攻坚战作出新的更大贡献。"②

北京市怀柔区：跨越空间的"牵手"。北京市怀柔区与通辽市科左后旗相距 800 公里。而这两个相距甚远、素昧平生的地域，却因全

---

① 《十八大以来重要文献选编》，中央文献出版社 2018 年版，第 51 页。
② 《习近平就机关企事业单位做好定点扶贫工作作出重要指示》，新华网，2015 年 12 月 11 日。

京蒙扶贫协作对接活动仪式

北京挂职干部与旗相关部门举办对接座谈会

面建成小康社会的宏伟目标来了一次跨越空间的"牵手"。怀柔区的结对帮扶工作，为科左后旗全面打赢脱贫攻坚战描绘了一幅浓墨重彩的画卷。

在怀柔区，设立科左后旗驻京商贸联络处作为总经销和总代理。北京大星发商贸有限公司在商场内免费提供名优产品展示柜台和独立销售专柜，降低准入门槛，减免了相关费用。北京社区养老驿站将科左后旗大米作为专供品在京直销。自消费扶贫开展后，科左后旗 3 家企业共销售大米、蔬菜等农副产品金额达 479.5 万元，直接带动建档立卡贫困户 394 人脱贫。

科左后旗与怀柔区不定期举办专场招聘会，建立劳务输出对接机制，因人因需提供就业服务，有组织输出劳务。两地 54 家企业共提供就业岗位 800 余个，招聘会现场求职人数超过 2500 人。通过"玛拉沁信息网"提供线上岗位 2000 余个，线上线下达成就业意向 400 余人。截至 2019 年底，两地深化劳务协作共实现就业 315 人，其中赴京务工 25 人，就近就地就业 227 人，到结对区以外省份就业 63 人。

为推动区域协调发展、协同发展、共同发展的大战略，科左后旗积极主动对接怀柔区企业，制定《东西部扶贫协作科左后旗招商引资优惠政策》，给予京蒙招商项目单独的优惠。组建了专业招商组，加大招商力度，累计对接在京企业 40 余家，在此基础上，积极推进合作园区建设。从科左后旗工业园区划出 1.5 平方公里土地用于项目建设，承接怀柔区乃至北京市产业转移，与怀柔区沟通起草了《园区共建实施方案》。同时，积极推进

怀柔区在努古斯台镇雅莫嘎查出资建设的京蒙扶贫车间

扶贫车间建设，科左后旗使用京蒙项目资金建设扶贫车间 6 个，其中巴胡塔苏木 2 个、常胜镇 2 个、双胜镇 1 个、努古斯台 1 个。6 个扶贫车间全部开工运行，通过订单回收、原材料加工等形式与贫困户产生利益联结，共带动建档立卡贫困户 268 户。

通过协同合作，两地共开展干部培训 8 期、培训党政干部 1400 人次，开展专业技术人才培训 12 期、培训专业技术人才 871 人次。本着优势互补、资源共享的原则，科左后旗与怀柔区共对接 90 次，其中，科左后旗相关部门赴怀柔区 45 次，怀柔区相关部门领导到科左后旗 45 次，签订帮扶协议 39 份。全旗共有 2 个苏木镇、2 个贫困嘎查村、5 所学校、3 家医院与怀柔区结成帮扶关系，怀柔区为科左后旗培训贫困村创业致富带头人 2 期、100 人。

两地把扶贫一线作为锻炼干部、选拔干部的重要平台。科左后旗与怀柔区积极开展干部人才双向挂职交流工作，促进对口帮扶工作深入开展。怀柔区选派 3 名干部到科左后旗挂职工作，科左后旗

京蒙扶贫协作巾帼脱贫手工艺技能培训

选派 18 名干部赴怀柔区进行挂职交流。怀柔区选派 16 名专业技术人才到科左后旗挂职工作，科左后旗选派 40 名专业技术人才到怀柔区相应部门挂职，选派 4 名干部到怀柔区插班培训、考察交流，教育、卫健、农牧、科协等部门先后组织 40 余名专业人才赴京考察学习。

北京交通大学：北交大的"科左后旗味道"。"同学们排好队啊！一个一个来，保准管够，都有啊！"北京交通大学第一食堂打菜的张阿姨忙得不亦乐乎。她面前的 40 斤"土豆炖牛肉"仅用了 18 分钟就被同学们抢购一空。"人家内蒙古这牛肉，味儿地道，有嚼劲，土豆绵软可口，同学们都爱吃！"张阿姨兴奋地说。而主食窗口打饭的刘大爷也正将一盒盒米饭递到同学们的餐盘中，"这是正儿八经的科左后旗大米，您别说，真香嘿！我们自己家都在学校的电商平台买这大米吃，虽然没去过科左后旗，但是尝到这米味儿，这地方就不含糊！"

北京交通大学教师在甘旗卡第二高级中学授课

从张阿姨和刘大爷的口中得知，"科左后旗大米""科左后旗土豆""科左后旗牛肉"等农副产品，已经是北交大食堂的"老朋友"了。作为蒙东一隅的科左后旗，农副产品如何能长期进入首都高等学府的食堂餐桌并深受同学们的青睐呢？这得从脱贫攻坚战的定点帮扶说起。

自全面打响脱贫攻坚战以来，北交大与科左后旗形成定点结对帮扶，签订长期消费扶贫协议，约定每年至少采购科左后旗农副产品200万元、代销200万元。就这样，质量高、产量足却苦于无销路的土豆、大米等农副产品就上了高等学府的餐桌。学校还录用20名建档立卡贫困群众到学校后勤集团食堂务工，学校负责食宿及"五险"，月工资3000元以上，这样不仅打开了农副产品的销路，又为贫困户就业开拓了新渠道。

不仅如此，学校还到位定点专项扶贫资金1145万元：用于建设示范幼儿园、物理演示实验室；用于大货车司机培训和幸福互助院建设；用于职教新老专业设置及提升，为建档立卡贫困家庭困难学生发放生活补助；用于改造7所中小学老旧校舍……北交大的倾力帮扶，为科左后旗坚决打赢脱贫攻坚战注入高效强心剂。

"黄油奶茶泡炒米，远处就能香死你！"学校超市扶贫专柜张贴着"炒米的正确吃法"，柜台展列着炒米、奶豆腐、奶皮子、牛肉干等内蒙古特色食物。这些特色产品在线上销量不菲，自从"e帮扶"平台成立以来，学校招聘组建志愿者队伍对平台进行不断完善，积极发挥校友资源联系购销企业采买草原特色美食，炒米、奶豆腐、奶皮子、牛肉干等陆续输入学校电商平台及食堂，且好评不断。

*中国石油大学：创新扶贫形式，丰富扶贫内容，提升扶贫成效。*中国石油大学按照国务院扶贫办、教育部关于脱贫攻坚工作的部署要求，发挥学校办学资源优势，结合地方需求，扎实开展好定点扶贫各项工作。

中国石油大学为贫困户捐赠衣物

学校党委、行政部门高度重视扶贫工作，精心谋划，研究落实扶贫政策措施。召开专题会议学习贯彻上级扶贫精神、研究部署扶贫工作，校主要领导带队赴科左后旗调研考察，与地方深度对接，督促地方党委政府落实脱贫攻坚主体责任。

选派优秀挂职干部。按照规定向科左后旗选派优秀挂职扶贫干部和驻贫困村第一书记，选派学校石大科技集团总经理担任科左后旗政府党组副书记，储建学院正科级辅导员、副教授周辉任驻村书记，为打赢脱贫攻坚战提供有力的组织保障。

加强双方沟通联系。学校与科左后旗召开定点扶贫工作推进会，就扶贫工作深入交流；学校党委常委、副校长张玲玲带队赴科左后旗现场对接扶贫工作，签订相关协议并实地调研，交流扶贫工作，双方就教育、科技、产业扶贫等工作达成多项意向。

开展教育帮扶和智力帮扶。充分利用学校教育教学资源，为科左后旗开展基层干部培训以及创业致富带头人和贫困人员就业技能培训，先后培训基层干部309人、技术人员225人；面向当地学生设立奖助学金，为贫困学生接受教育创造条件；开展大学生支教，学校3名大学生定点支教科左后旗；先后投入帮扶资金205万元、引进帮扶资金200万元，用于改善当地教育教学基本办学条件。

开展科技产业帮扶和咨询服务。结合地方经济发展特点，开展科技合作，助力地方产业转型升级，促进学校科研成果向科左后旗转化，加强卫星监测、硅砂产业、新能源新材料和装备制造领域的技术交流合作，积极做好对阿古拉山和大青沟的地质勘测与分析以及对科左后旗国土现状的卫星动态遥控监测，暑假期间学校领导带队实地推进该项工作；发挥专家学者在科技创新、产业振兴等方面的优势，为地方提供战略咨询和意见建议；发挥校友力量，帮助当地企业对接外部社会资源和市场资源，助推当地产业发展。

开展消费帮扶。将科左后旗作为学校餐厅食品原材料和教职工福利的采购基地，建立采购供货机制，先后购买当地农产品203.199万元；向社会和校友宣传推介科左后旗，帮助推介销售科左后旗农副产品，先后帮助销售当地农产品216.93万元。

开展党建帮扶和宣传推介。推进校内部分二级党委和党支部与科左后旗部分镇村开展结对共建工作，首批共建支部为地学院地质系党支部与科左后旗工信局支部、教发中心继续教育党支部与农牧局支部、储建学院气体储运与安全技术研究生党支部与五官村党支部。与五官村的支部共建，已经开展多次活动，其中开展的主题党日活动"大学生党员带你看扶贫成效"，收到了良好的宣传效果。利用校内媒体、校友平台、学生社团活动等渠道宣传推介科左后旗，为凝心聚力、全力帮扶科左后旗脱贫攻坚营造良好氛围。

中国石油大学按照打好"精准战""治本战""协同战""宣传战"的要求，通过细化任务计划、创新扶贫形式、丰富扶贫内容、提升扶贫成效，为科左后旗打赢脱贫攻坚战增添浓重的一笔。

■ 小 结

综上所述，科左后旗坚持生态修复，发展特色产业，实现了沙坨子绿了、产业兴旺了、贫困群众脱贫了、百姓思想境界升华了，日子越过越舒心，越来越有奔头了！

舒心的日子从哪儿来？来自旗委、旗政府要让贫困群众过上幸福生活的使命担当。正是有了这样的担当，把太多不可能变成了可能，书写了中国扶贫史上的科左后旗答卷！舒心的日子从哪儿来？来自社会各界仁人志士的帮助，以及扶贫干部和贫困群众不怕苦不怕累的奋

嘎查村便民服务大厅是为百姓解决困难的前沿阵地

斗之心。党的政策好，干部群众努力往前跑，流血流泪不留遗憾，任劳任怨绝不认输，小康路上绝不掉队……正是有了这样的奋斗进取之心，让一个个贫困家庭摘掉贫困帽，走上致富路。

我爱你中国：英雄上马的地方科左后旗深情向祖国表白

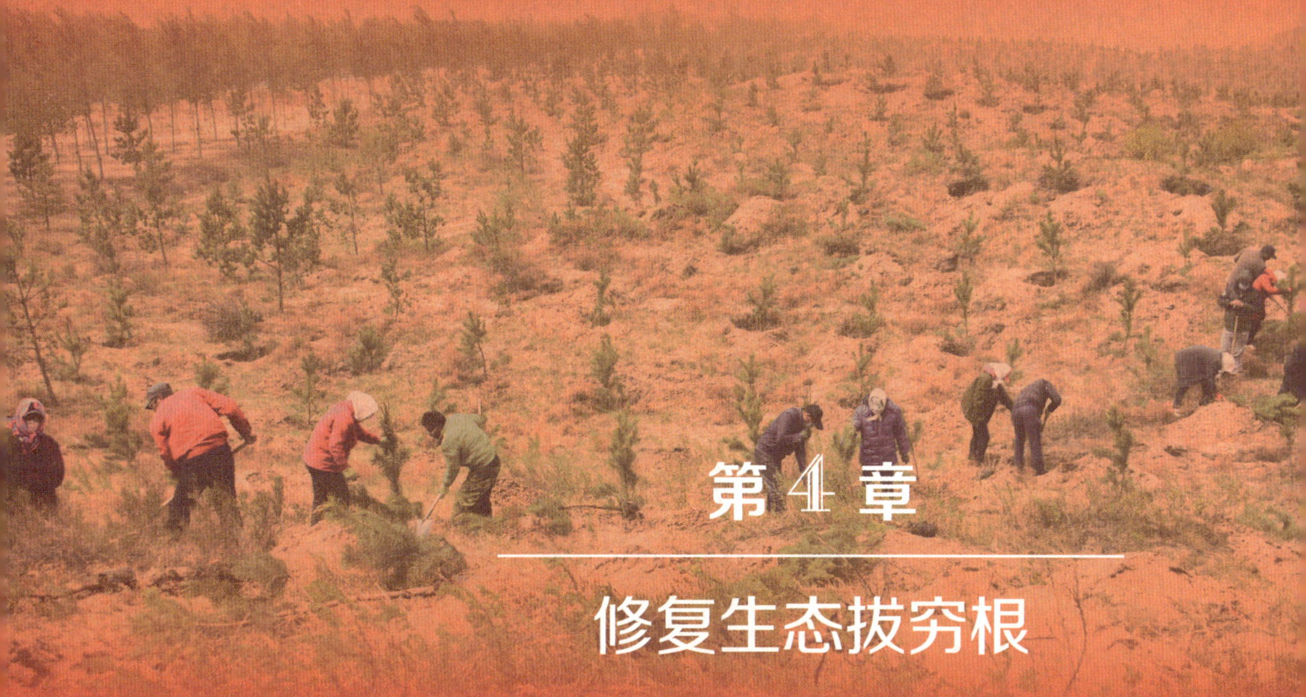

第4章

修复生态拔穷根

绿水青山就是金山银山。

——习近平

科左后旗经济社会发展最大的资源、优势和潜力是生态，最大的不足、短板和瓶颈也是生态。科左后旗人以"不信东风唤不回"的强烈追求和"敢教日月换新天"的奋斗精神，立下愚公志，敢啃硬骨头，以"功成不必在我、幸福留给后人"的胸襟，守正笃实，久久为功，修复生态，力拔穷根，实现了增绿与脱贫同步、美丽与发展双赢。

全民动员　修复生态　治沙造林

自然状况 >>

科左后旗位于东经121°30′至123°43′，北纬42°40′至43°42′之间，通辽市东南部科尔沁沙地腹地。全域除东部西辽河冲积平原外，皆是以沙丘、沙地为主要特征的地貌类型。境内沙化土地面积一度达1180万亩，占全旗总面积的68%，是全国沙化严重、生态环境脆弱的旗县之一。上世纪70年代至90年代末，农牧业迅速发展加剧了生态环境的恶化，全旗80%的沙地牧场沙化，生态体系失衡严重，致使生态环境恶化，农牧民生存发展空间遭到挤压，贫困程度加剧，致使经济社会发展的瓶颈作用日益凸显。近年来，科左后旗逐年加大生态建设与保护力度，林草植被盖度大幅度提升，生态环境明显改善，生态系统进入良性发展阶段。

社会状况 >>

科左后旗总土地面积11570平方公里，辖19个苏木镇场、283个嘎查村（分场）、858个自然村，总人口40.18万，有蒙、汉、回、满等19个民族，其中蒙古族人口占75.17%，是全区县域蒙古族人口居住最集中的地区之一。2011年被确定为国家扶贫开发重点旗、革命老区。"十二五"初期，全旗有贫困农牧民3万户、8万人，占农村牧区人口的25%。实施精准扶贫以来，2014年，全旗建档立卡贫困户13065户、34261人。截至目前，还有未脱贫建档立卡贫困户1375户、3976人，贫困发生率由2014年的11%降至1.23%，贫困旗退出工作顺利通过了自治区第三方评估验收。

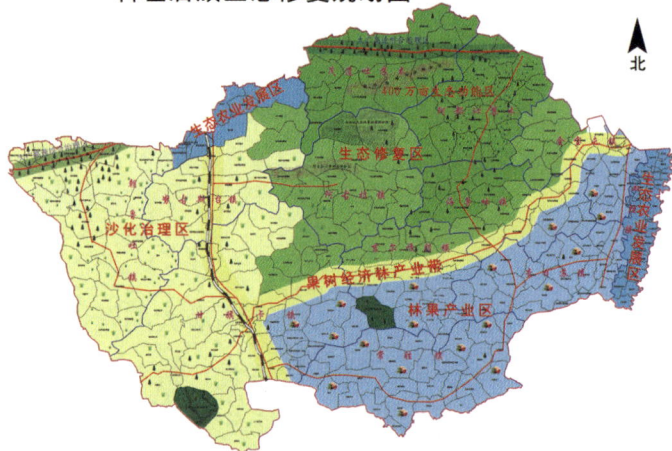

科左后旗生态修复规划图

2010—2030年科左后旗生态修复规划图

科尔沁沙地"双千万亩"综合治理工程科左后旗50万亩集中治理区

一张蓝图绘到底。科左后旗坚持规划先行、科学谋划，立足自然条件，明确功能分区，对全旗土地进行了系统规划、合理布局，以实施国家"三北防护林"、科尔沁沙地"双千万亩"综合治理、通辽市"四个千万亩"等重点工程为契机，大力实施科左后旗"双百万亩"治沙造林工程，战天斗地，真抓实干，一张蓝图绘到底。

多措并举治生态。科左后旗坚持尊重自然、遵循规律，推行"规模造林、连片治理"的沙地治理模式，因地制宜采取自然育林、人工造林、封禁保护、飞播造林、退耕还林、禁牧舍饲、设立自然保护区、退化沙化草牧场治理、建设饲草料基地 9 项措施，分类精准施策，实行综合治理，全面推进生态修复。

创新机制保成效。多元投入、汇聚合力。科左后旗用好财政补贴资金、撬动社会资金投入生态建设，带动大户造林、企业造林、家庭造林、联营造林多方联动。市场运作、保活造林。企业先期投入，造

生态修复后的科左后旗大地新貌

生态修复后的科左后旗大地新貌

林保活三年，根据成活株数兑现工程款，实现造一片、成一片，重点区域成活率达95%以上。以造代育、节本增效。高密度栽植培育本地苗木，确保适地适树，降低苗木成本，提升苗木移栽成活率，年产苗木80万株，年节约造林成本720万元以上。产权到户、管护到人。有偿流转农牧民土地，保活造林三年后，坚持"树随地走""谁所有、谁管护、谁受益"，将林木再移交给农牧民，既解决了后续管理问题，又增加了农牧民资产收益。建管并重、依法管理。坚持从严管理，实行全年全域全时禁牧，成立了农村牧区综合执法局，构建了三级巡护体系，严厉打击乱垦乱牧乱伐等不法行为，保护生态建设成果。

一、修复生态治沙患

不治沙就不能治贫，不治理生态就没有发展出路。科左后旗按照将内蒙古这道祖国北疆风景线打造得更加亮丽的战略部署，在实施精准扶贫、精准脱贫攻坚战中，紧握生态修复这把"金钥匙"，把治理沙化、修复生态作为减贫增收的主攻方向。在以往生态建设成效的基础上，根据科左后旗的区位优势和影响生产力发展因素，进行生态建设生产力结构、布局的重新配置，形成以重点工程为中心，保护和利用高度协调的生态环境保护和建设发展思路，努力构建一个点、线、面合理布局且有机结合的生态网络体系。

"点"，以人口相对密集的城镇为主体，辐射周围若干嘎查村所形成的具有一定规模的森林草原生态网络点状分布区。将城镇村屯绿化、全民义务植树、部门绿化和生态建设重点工程相结合，发展镇区绿岛、镇边绿带、镇郊森林，构建镇区、近郊、远郊协调配置的城镇森林生态网络体系。

"线"，以科左后旗境内公路、铁路交通干线两侧、河湖两岸为主体，坚持生物措施与工程措施相结合，大力营造水源涵养林、水土保持林、护岸林、护路林。

退耕还林施工现场

村屯绿化

路边林

"面"，科左后旗在沙区主要采取造林种草、封禁保护、生态移民等措施，保持和增加林草植被。在平原农区抓好平原绿化和农田防护林建设，发展速生丰产林、防护用材兼用林、工业原料林和经济林等。在草原牧区以保护和合理利用草原为主，保护和建设相结合。大力推广舍饲禁牧，以休为主，禁休结合；在立地条件优越的地块，以家庭牧场为单位，小规模开发饲草料基地，并采取补播和飞播措施，加快植被恢复速度；大力发展草产业，扩大人工草地和饲料地面积。

科左后旗在生态修复中，创新造林、管护、益贫和激励等"六个新机制"，前仆后继，尽锐出战，年均以 100 万亩的治理速度高标准推进。截至 2021 年底，完成多种治理模式综合治沙 852.3 万亩，项目区造林成活率达 95% 以上。大地重披绿装、重现绿水青山。通过治沙修复生态，群众摆脱了贫困，过上了小康生活，实现了生态环境美丽、经济社会发展、群众脱贫致富的"三赢"。

围封管护

修复前

修复后

二、治沙治出新生活

　　科左后旗经过多年的努力，风沙得到了有效治理，大大改善了农牧民生产生活条件，大幅提高了农作物产量，促进了贫困群众增产增收。通过生态治理工程吸纳贫困农牧民参与生态建设，年人均工资达2万元；通过聘用贫困农牧民为护林员，每人每年工资达1万元；通过有偿流转贫困农牧民土地用于规模造林，有效盘活林地资源，增加农牧民收入。同时，坚持生态惠民，鼓励引导贫困群众通过培育苗木、参与造林管护、退耕还林还草、土地流转等多种渠道增加收入，

治沙行动　人人参与

年人均增收 742 元。

春梅：生态修复圆了我的小康梦。努古斯台镇努古斯台嘎查春梅一家有公公、婆婆两个"病号"，两个孩子小，她和丈夫受拖累，不能外出打工，守着坨子地过着有饭吃、没钱花的苦日子。嘎查实施生态修复扶贫工程，让春梅一家的生活发生了彻底的改变。她家的几十亩沙坨子地被流转为生态建设用地，每年每亩国家补贴 30 元，补贴 4 年，仅此一项，春梅家就有 6000 多元的收入。生态建设给春梅和丈夫提供了在家门口打工的机会，在努古斯台生态修复项目区打工，一天有 100 元的工资，而且早上出工，晚上收工就结算工资，最高的年份春梅和丈夫工资收入达 4 万多元。春梅的丈夫前德门又被政府聘为公益护林员，加上工资，家里的收入水涨船高，先后购置了电动

春梅一家的幸福生活

春梅的丈夫前德门在巡护林地

车、摩托车、四轮拖拉机、小轿车，过上了幸福小康生活。

春梅说，过去树少风大沙子多，不爱下雨。现在林木蔚然，岚气朝夕不散，风沙天气少了，形成了这里的小气候，降雨量比过去多了，各种野生动物也多了起来，黄鼠狼、狐狸、野猪及各种野生鸟类不时出没。"春有花，夏有荫，秋有果，冬有绿"，荒山披绿、绚丽多姿、生机勃勃。田林交错的林业生态景观已经初步形成，像旅游景区一样，可好看了！

胡宝：贫困户变身"苗木王"。63 岁的胡宝，是努古斯台镇图古日格嘎查的贫困户。他的家乡位于科尔沁沙地南缘，这里曾经风沙肆虐，粮食常年歉收，胡宝家 32 亩耕地种的玉米收成都不够一家人的口粮。

2016 年，科左后旗将科尔沁沙地生态治理与脱贫攻坚相结合，实施"绿化以育代造"的精准扶贫项目。旗林业局将 1.1 万株柳树苗免费发放给图古日格嘎查的 19 户村民，其中包括胡宝等 16 户贫困

胡宝在剪枝扦插

户。科左后旗林业局的技术人员告诉胡宝和村民们，这里地下水位高，适合培育柳树苗，大家培育3年后，林业局会将柳树回购，用于城镇绿化、农田防护林建设。

胡宝将自家房后的6亩地整理出来，种上了1700株柳树苗，老两口开始在苗圃里忙碌起来。春天土地刚解冻，他们就忙着打机井为柳树苗浇水，夏天顶着烈日为树苗修枝剪叶……在胡宝夫妇的精心培育下，树苗粗了一圈又一圈，到第二年春天已经能形成树荫了。

胡宝每天扎在苗圃里忙碌，他家的老母鸡也跟着他在林间"转悠"，胡宝灵机一动，开始用林间散养的方式养鸡。散养鸡的肉质好，产蛋量也高，林间散养的一只鸡能卖到70多元，一年下来，胡宝的林下散养鸡收入就有2万多元，土鸡蛋收入1000多元。胡宝开心地说："种树育苗，富了自己，也绿了家乡。"

三、接力治沙写传奇

治理沙化，修复生态，是一场艰苦卓绝的大搏斗。40万科左后旗各族儿女，怀着对大自然的敬畏和对家乡的热爱，弘扬"蒙古马"精神，心往一处想、劲往一处使，爬坡过坎，攻坚克难，一代接着一

青年志愿者开展义务植树

代与沙斗，书写出一首首修复生态、脱贫致富的壮丽诗篇。

治沙夫妻格日乐、文都苏。一对退休的夫妻放弃城市舒适的生活，毅然走进科左后旗沙漠深处，植树治沙，谱写出激昂的生命交响曲。他们就是格日乐和文都苏。

格日乐和文都苏植树的沙漠蒙语称之为白音茫哈（汉语意为"丰富的沙子"），地处科左后旗北部。格日乐从小在这里长大，看到日益沙化的家乡，便产生了植树造林改变家乡生态环境的念头，退休后与丈夫一拍即合，决定走出都市到沙漠里植树治沙。

从都市来到沙漠，迎接他们的第一个"见面礼"——沙尘暴来了。1994 年 4 月的一天，白音茫哈的乡亲们刚帮他们搭起窝棚，沙尘暴便刮了起来，遮天蔽日一般。到吃饭时间了，格日乐才发现，沙坨子里连一处背风的地方都没有，没办法，只好临时用秫秸埋个帐子，勉强吃了顿饭。

造林第一年，他们投入了 4000 多元，购买杨树苗、果树苗共 1

格日乐夫妇植树造林初期地貌状况

格日乐夫妇植树造林地况绿意盎然

万株，在乡亲们的帮助下，全部栽到了近 260 亩的沙坨子里。树栽完了，他们又开始领教沙漠中的第二个"见面礼"——干旱。尽管每一天担了近 30 挑子的水，但仍无济于事，结果头一年，一多半的树苗没有成活。

坚定的信念支撑着他们战胜各种困难，功夫不负有心人，他们用汗水换来了绿树成荫。20 年时间，他们先后投入 30 多万元，让 260 亩沙漠变绿洲，并无偿转交给当地村委会。格日乐不储金钱蓄绿色，用苍老的臂膀给世人一个惊叹！在格日乐、文都苏夫妇的感召下，村里群众跟着两位老人开始治沙造林，现在已有 21 名群众接力植树治沙、绿化家乡。这里的绿色在不断扩展，百姓的生活水平也"芝麻开花"节节高。

"治沙愚公"双宝：铸就绿色长城。双宝是巴胡塔苏木边布拉嘎

边布拉嘎查过去的恶劣生态环境

查的一位退伍老兵，在步入花甲之年的时候，他不选择享受天伦之乐，却毅然选择了在沙坨子地上植树造林，一干就是 20 多年，被誉为"治沙愚公"。

边布拉嘎查生态环境恶劣，风沙肆虐，土地沙化，极大地影响着农牧业发展。1995 年，花甲之年的双宝开始实施自己的造林治沙计划。当年他栽植了 1000 多棵树苗，到了第二年春季，树叶发芽的季节，种下的树苗只有几棵吐绿，其他都没能成活。千分之几的成活率不但没有让他气馁，反而坚定了他治沙的决心。"不管多难，也要种下去，我种不动，还有儿子、孙子，像愚公移山那样，一代代干下去，总有一天会把风沙治住。"双宝种树治沙信念如磐！

双宝的种树治沙意志，感动了亲人和乡亲，也感动了大自然。1997—1998 年，干旱半干旱的科尔沁沙地破天荒地迎来了持续两年

双宝老人步履蹒跚地走在亲手种植的绿丛中

的"丰水期"。较为丰沛的降雨助力双宝种树治沙。两年时间，双宝陆续种下了 5000 多棵树苗，成活率竟然达到了 90% 以上。

现在，双宝在 180 多亩的沙坨子上，种活了 28000 多棵树。树活了，坨子绿了，风小了，沙子刮不起来了……乡亲们分享到了双宝造林带来的好处，同时也被他坚持不懈种树治沙的精神所感动。大家纷纷行动起来，你一块，我一块，抢着种树。种树把村子围起来、种树把耕地圈起来、种树把沙坨子封起来，成为边布拉嘎查乡亲们的自觉行动。

四、生态修复增效益

修复生态、治沙造林、沙里"淘金"、脱贫致富，已成为科左后旗干部群众的共识。科左后旗在抓好治沙造林、工程造林、退耕还林、封禁保护的同时，因地制宜大力发展经济林，以修复生态增加经济效益，实现绿色可持续发展。

近年来，科左后旗立足于打造内蒙古东部知名的蒙中医药产业基地的愿景，充分发挥本地蒙中医药文化品牌优势，延伸蒙医药产业链，推进产业融合发展，加快推进建设药材基地，针对沙坨地适合多种蒙中药材生长的实际，建设蒙中草药材种植采收基地，种植苦参、黄芪、山药等蒙中药。通过委托育苗，订单回收，2—3 年一个周期，让 430 户贫困户人均增收 3000 元；通过引导农牧民退耕还林还草、退牧还草，发展林果产业和种植紫花苜蓿、沙打旺等优质牧草，每年享受国家双退双还补贴 680 万元；通过订单种植，让企业与种植户签订收购合同，给老百姓吃下定心丸，走上致富路。

梅林窝堡村：蒙中草药种植铺就致富路。 2018 年，常胜镇按照科左后旗发展蒙中医药产业、助力脱贫攻坚的总体规划，在梅林窝堡村

经济林长成了"摇钱树"

常胜镇扁杏种植基地

顾艳军收获苦参笑在脸上，甜在心里

建设蒙中草药基地，从组织 4 户贫困村民种植苦参开始，一发不可收，如今全村种植苦参已经达到 1200 亩，村民通过种植苦参走上了致富路。

村民顾艳军种植了 60 亩苦参，2021 年，预计每亩收获苦参鲜品 1600 斤，按市场价 8 元一市斤计算，亩收入可达 12800 元。顾艳军的 60 亩苦参，可实现收入 768000 元。

铁建村：经济林长成"摇钱树"。在西辽河畔的北岸科左后旗金宝屯铁建村，一片榛子林郁郁葱葱。这里是铁建村瑞达种植、养殖专业合作社的经济林果基地。

合作社负责人毕功生说，平欧榛子与普通榛子相比果大、出仁率和产量都高，平均每株初早期产量为 3—5 斤，按市场价格每市斤 25 元计算，亩收入可达 5000 元以上，随树龄增长效益还可逐年增加。合

苦参种植基地

作社从 17 户贫困户手中承包土地种植平欧榛子，让流转土地的贫困群众进合作社打工，参与年终分红，每年每户租地、打工、分红三项收入都可达万元以上。现在，铁建村种植、养殖专业合作社辐射带动了周边古力古台、查干吉等 4 个嘎查村，种植面积达 4200 亩。榛子林不仅防风固沙，改善生态环境，还成了群众的"摇钱树"。

毕功生检查榛子林生长情况

昔日黄沙地，今朝绿生金。到 2021 年 12 月，科左后旗建成以种植苦参、黄芪、山药等蒙中地道药材基地 50 万亩，封禁抚育麻黄草培育采收基地 40

铁建村榛子林基地

万亩，以栽植榛子为主的果树基地 3 万亩，五角枫木本油料基地 3 万亩，林板一体化基地 7 万亩，经济林果产业年创造产值近 2072 万元，惠及 1.2 万户农牧民。

五、黄沙变绿百鸟还

科左后旗努古斯台镇，蒙语为"有野鸭的地方"。由于土地沙化、湖泊干涸、草牧场退化，一度成为沙进人退、鸟兽绝迹的地方。

在脱贫攻坚战中，努古斯台镇被规划为科左后旗生态修复项目区，规划集中治理建设面积 50 万亩。项目区域内有 8 个嘎查村、1821 户农牧民、6935 人，其中建档立卡贫困户 295 户、867 人。在项目建设中，流转土地 2.45 万亩，统一实施造林，进行集约化经营，有限聘用项目区内农牧民参与造林、抚育和管理工作，选

努古斯台镇 100 万亩集中治理区

生态修复让沙地重现花海生机

聘 38 名建档立卡贫困户担任公益林护林员，每人年工资 1 万元。项目区内年人均增收 1241 元，其中，建档立卡贫困户年人均增收 1392 元。

在努古斯台镇治理项目区建设中，政府采取以订单形式将樟子松、油松、五角枫、柳树、杨树等树种幼苗供给农牧民培育 2—3 年，树苗育好后扣除成本回收，让农牧民通过以造代育累计增收 250 万元。落实生态奖补政策。政府累计发放生态奖补资金 3666 万元，其中退耕还林补助资金 982 万元，发放草原奖补资金 2014 万元，发放国家公益林项目补贴资金 670 万元，项目区内严格全年全域禁牧。成立由 51 名护林护草员组成的常年巡逻管护队伍，明确管护职责，加强巡逻管护，严厉打击违法放牧行为，项目区 50 万亩林草植被恢复后，传统的放牧场成为优良的打草场。

生态修复后的努古斯台镇再现湖泊密布、林草丛生、蒲苇繁茂、水鸟纷飞、鱼虾戏水，自然生态景观秀美。绝迹多年的狍子、狼、野

大雁归来

有"生态指向标"之称的白琵鹭在翩翩起舞

百鸟云集报春归

猪重返故里，大雁、野鸭子、蒙古百灵、沙斑鸡、野鸡将这里当成乐园，灰鹤、天鹅等 20 多种候鸟春秋迁徙时在此栖息、补充能量……如今的努古斯台镇，已经成为北方重要的候鸟迁徙栖息地之一。

六、绿树成荫果满园

科左后旗在修复生态中，按照"因地制宜、良性循环"的发展思路，大力举办村屯绿化、庭院美化工程，积极引导农牧民利用自家房前屋后的零星闲散土地，建起小养殖场、小果园、小菜园，在小庭院里做起增收致富的大文章，把农家庭院的"方寸之地"变成了各具特

双胜镇甘蓝种植基地

常胜镇新民村贫困户白殿福家

色的"聚宝盆"。每逢盛夏，走进科左后旗的每一个村落，路边绿树青翠欲滴，果蔬掩红绽妍，乡村美景尽收眼底。

培训奖补到户，激发内生动力。针对庭院经济易上手、短平快的特点，科左后旗开展了"强化技术指导，助推庭院增收"主题送教下乡培训活动。组建15个培训组，对全旗15个苏木镇、262个嘎查村、454名产业发展指导员和创业致富带头人进行全覆盖式培训，每年每户补助庭院经济发展资金2000元，极大地激发贫困群众发展庭院经济的热情，一家一户庭院的方寸地，纷纷成为绿色增收园。

"农家院"变成"桃花源"。走进巴胡塔苏木准巴嘎塔拉嘎查，干净整洁的小院里，一排排果树长势喜人，不同品种的蔬菜错落有致，一位精气神十足的老人正在自家院子里忙活着。老人名叫秀兰，今年67岁，自家三亩地的院子里，被她用锦绣海棠、柿子、香瓜和鲜花种得满满当当。看着后庭院里绿油油的果树和地里茁壮成长的蔬菜，她说："我自己种点菜，够自家吃，多的还能分给周边邻居。"秀兰的喜悦溢于言表。

阿都沁苏木阿都沁嘎查额布日乐图家的庭院里则是另一番风景：园子里，一人多高的玉米，亭亭玉立，豆

秀兰在庭院里收获蔬菜

角含苞待放，小菜摘了一茬又一茬。除了种菜，额布日乐图还利用庭院搞起了家禽养殖，鸡、鸭、鹅在这个不大的庭院内各有各的活动场地。"我今年光是庭院就能有六七万元的收入，我想把我的技术教给更多有需要的贫困群众，让他们也能和我一样，依靠自己的力量实现致富，早日过上小康生活。"额布日乐图的眼里充满了自信。

阿都沁嘎查额布日乐图家郁郁葱葱的菜园

小小庭院采摘园

"牛出院、树进院"美了庭院，富了乡亲。努古斯台镇努古斯台嘎查通过引导"牛出院、树进院"，实现农牧民"家家户户养牛"到"家家养牛、户户无牛"的转变。通过发展庭院经济不仅实现了经济增收，还扮靓了乡村。

走在努古斯台嘎查的街道上，各家各户绿意盎然的庭院会让人眼前一亮，小小的庭院被打理得井井有条。每家每户种植的庭院农作物品种各异，独具特色，目光所及之处，皆是风景。

但如果把时间追溯到6年前，同样的村庄却是另一番景象：各家各户的牛棚就建在自家的庭院里，人和牛同住在一个院子里，一到夏天臭气熏天，蚊蝇乱飞，村庄不像村庄，倒像个养殖场。

现如今，努古斯台镇努古斯台嘎查村民同样是家家养牛，但在村民的院子里却看不到牛。2014年，在努古斯台镇政府的引导下，村"两委"综合考虑村庄的环境、养殖户、现有饲养量等条件，采取村民集资、财政补贴的方式，建设了人畜分离、标准化黄牛集中养殖小区。养殖小区通过统一防疫、统一改良、统一饲草料等措施，进一步提高养殖水平和效益。

村里的养殖小区建成后，各家各户养的牛全都"搬迁"到了养殖小区里。院子腾出来后，种上了果树和蔬菜，小庭院每年都能为村民带来3000元左右的收入，美了庭院，富了乡亲。

努古斯台镇嘎查贫困户金扎拉嘎胡家的小庭院

"牛出院、树进院"的努古斯台镇嘎查农牧户庭院一角

沙化土地重披绿装

把绿色铺满大地

■ 小 结

生态好，环境美，百姓富。科左后旗坚持将生态修复与脱贫攻坚有机结合，鼓励农牧民主动参与生态建设与管护，实现大地增绿、农牧民增收。经过几代人的不懈努力，全旗 88 万公顷沙化土地得到有效治理，森林面积增加到 23.36 万公顷，沙地治理项目区内粮食单产增幅最高达 81%，牧草单产增幅最高达 50%。生态修复，让科左后旗大地重焕美丽容颜。一行行树、一片片草、一畦畦田，像一幅幅美丽的山水丹青，映衬着科左后旗敢为人先的创造精神；一个个披上绿装的沙丘，一道道林草茂密的陡坡，一条条林荫大道，像

一尊尊精美的雕塑——科左后旗举如椽之笔，在这片神奇的土地上挥洒豪情，描绘出一幅人与自然和谐相处的美丽画卷。这精神，这画卷，洋溢着科左后旗各族人民群众幸福的笑脸，彰显着科左后旗各族人民对未来的憧憬。

减贫寻道·科左后旗
生态建设推动绿色扶贫

第5章

黄牛踏出致富路

发展扶贫产业，重在群众受益，难在持续稳定。要延伸产业链条，提高抗风险能力，建立更加稳定的利益联结机制，确保贫困群众持续稳定增收。

——习近平

昔日漫漫黄沙坨沼秃，今朝生机盎然沙漠绿。林草茂，粮豆丰，为发展现代养殖业奠定了物质基础。科左后旗是中国"黄金玉米带"、中国东北"肉牛带"的重要组成部分，地理位置在北纬42°—46°，海拔150—250米。属温带大陆性季风气候区，四季分明。全年平均气温6.5℃，无霜期140—160天，降水量350—450厘米，多集中在6月、7月、8月，适宜农作物生长。农作物以种植玉米为主，草牧场植被以禾本科为主，有禾本科杂类草及豆科、菊科、蒿科等野生牧草300多种。

赛牛大会

科左后旗是蒙古族人口集聚区，黄牛养殖历史漫长，养殖范围广，农牧民养牛经验丰富，是"科尔沁黄牛"——"中国西门塔尔牛"的主产区，素有"黄牛之乡"的美誉，发展黄牛产业具有先天优势。科左后旗在修复生态、营造绿水青山的同时，立足本地优势，把发展黄牛产业作为农牧民增收致富的主导产业来抓，激活了贫困农牧民的内生动力，在边疆少数民族地区踏出一条以生态修复为前提、发展现代养牛业为主导的精准扶贫、精准脱贫之路。

一、黄牛养殖　历程艰辛

科左后旗有养牛的良好自然条件和历史文化底蕴，但传统落后的靠天养牛方式，饲养着土种牛，科技含量低，经济效益不高，抗御自然灾害能力差，农牧民受传统思想及地域限制，处于半封闭状态，养牛业一直处于自然发展的状态。

发展黄牛产业，生态改善是基础，品种改良是关键。在 20 世纪 50 年代前，科左后旗饲养的黄牛为本地牛——蒙古黄牛。在长期的自然放牧饲养条件下，形成适应性强、耐粗饲等优良特性，但体型小、生长发育慢、生产性能低。为了改变现状，科左后旗经过近半个多世纪的努力，对蒙古黄牛进行品种改良，育成优良品种科尔沁黄牛——中国西门塔尔牛

科尔沁黄牛

科尔沁黄牛现代化养殖场

草原类型群。

在将黄牛养殖作为带领群众实现脱贫的主导产业过程中，科左后旗紧紧抓住品种改良、草畜平衡、政策引导三个关键环节。

品种改良。科左后旗的黄牛品种改良起步于 1956 年。为了让黄牛产业真正发展成为富民产业，科左后旗有计划、有组织地引进三河牛、西门塔尔牛等 19 个牛品种与蒙古黄牛进行杂交改良。经过反复对比及分析，最后确定以西门塔尔牛为父本改良本地蒙古黄牛。1972年，科左后旗制订黄牛改良规划，选用优质西门塔尔种公牛，采用冷冻精液人工授精技术、种公牛自群繁育方法，大力推广西门塔尔牛。1978 年，在全旗乡镇苏木、村嘎查大面积推广，于 20 世纪 80 年代选育出对本地自身的气候条件适应性强、生产性能好的以西门塔尔牛（黄白花、红白花）为主的定型新品种——科尔沁黄牛，并按地方标准进行了严格的选育，使畜群质量明显提高。1990 年 6 月，经过严

阿古拉镇黄牛养殖户

格验收，经内蒙古自治区人民政府正式命名为"科尔沁黄牛"地方良种，并通过国家畜牧总局鉴定验收。

科尔沁黄牛是中国第一个利用西门塔尔牛杂交改良蒙古黄牛，培育成功的适合内蒙古通辽市地区自然条件、经济条件饲养，具有适应性强、耐寒、耐粗饲、生长发育快、遗传性能稳定的乳肉兼用型黄牛新品种。经过持续的选育提高，1999 年经中国国家品种审定委员会审定，正式命名为"中国西门塔尔牛"，2000 年获国家科技进步二等奖。自 1958 年开始，经过 60 多年的繁育，"中国西门塔尔牛"成为科左后旗牛业的当家品种。科左后旗成为"中国西门塔尔牛"繁育全国示范区，2018 年"科左后旗黄牛"通过国家原产地保护产品认证。

草畜平衡。既要修复生态，又要发展养牛产业，两者之间存在着较大的矛盾。环境保护需要封山、禁牧，可养牛需要饲草料。为了解决生态环境保护和大力发展黄牛养殖所需饲草料的矛盾，科左后旗把发展黄牛产业和生态保护同步推进，通过实施禁牧舍饲和种植青黄贮、多年生牧草、饲用灌木、秸秆转化等多种方式解决草畜矛盾，在

紫花苜蓿种植

玉米青贮种植

生态修复和黄牛养殖业发展中取得平衡。他们通过人工种草、种青贮，改良退化草场，形成"引草入田、为养而种、草畜平衡"的现代养殖业理念。全旗青贮播种面积达到 170 万亩，多年生牧草紫花苜蓿 2 万亩，年饲草料储备达 50 亿公斤；玉米播种面积达 313 万亩，年秸秆产量在 15 亿公斤。通过粉碎，将玉米秸秆加工成"黄贮"和草状饲料，从根本上解决了牛羊舍饲的饲草料问题。群众摒弃了散养牲畜的传统方式，走上舍饲圈养、科学养畜的现代化养畜之路，实现了生态保护与黄牛产业发展的双赢。

政策引导。在推进精准扶贫、精准脱贫工作中，结合本地经济社会发展实际，科左后旗先后制定出台了突出发展黄牛产业、充分发挥龙头企业和合作社的带动作用、强化与贫困户的利益联结、实施"黄牛托管"等一系列发展黄牛产业的扶持政策。

《科左后旗黄牛产业发展实施方案》明确了"大力发展黄牛产业，促进农牧民致富增收"的基本思路，确定了加快建设百万头黄牛养殖

苏木镇干部与黄牛养殖户交流探讨黄牛产业提质升级思路

农区养牛专业户

基地，领军东北、服务全国的黄牛加工基地和东北最大的标准化黄牛交易基地的目标任务；《科左后旗加快推进肉牛产业发展实施方案》明确了年度能繁母牛、出栏肉牛任务头数，确定了建设农区养牛专业村、高繁殖率母牛示范村、育肥牛专业示范村、育肥牛养殖示范大户等重点任务；《科左后旗鼓励购买能繁母牛加快黄牛产业发展实施方案》明确了全面落实财政补贴政策，鼓励购进能繁母牛，增加全旗能繁母牛头数，做大做强畜牧主导产业的重要任务；《科左后旗关于建立基础母牛档案的通知》强化了对黄牛改良、基础母牛建档、繁殖技术服务等方面指导，为黄牛产业提质升级提供了基础支撑。

《科左后旗百万头黄牛养殖基地科技服务实施方案》确定了"围绕主导产业、培训专业农民、实施整体推进、实现一人一技"的培训要求，着力提高农牧业科技贡献率，培养一批现代农牧民，完善科技服务支撑体系建设要求；《科左后旗贯彻落实"五个结合"打造全产业链推进重点项目建设实施方案》确定了全面推进全旗黄牛产业全产业链发展，做大做强黄牛产业，让贫困群众进入产业链增收。全力推行贫困户贷款饲养基础母牛"四种模式"，逐步扩大养殖覆盖面和养殖规模，将贫困群众全部纳入黄牛产业链，不断提升养殖标准和效益。政策的阳光雨露，让黄牛养殖业成为科左后旗产业扶贫的擎天柱。

二、因户施策　养牛脱贫

科左后旗将习近平总书记关于精准扶贫、精准脱贫的重要论述内化于心，外化于行，落实到户，精准到人，确立黄牛产业作为脱贫攻坚富民的主导产业。

创建扶贫资金保障体系。科左后旗以政府贴息、企业担保、群众联保等方式为主，放大金融机构扶贫贷款资金额度，实现贫困户养牛贷款全覆盖。截至 2021 年底，全旗共发放养牛贷款 14.1 亿元，其中为建档立卡贫困户发放 10.62 亿元，每户贫困户得到购买基础母牛贷款 3 万—5 万元。

精准划分"四种模式"。科左后旗根据贫困户参与养殖黄牛的实际能力，将建档立卡贫困户精细划分为"能贷能养""能贷不能养""不能贷能养"和"既不能贷又不能养"四种类型，分别推行自养、托养、代养和"铁牛"四种养牛模式，真正实现了因户施策、措施到人，养牛贫困户户均收益达 2000—4000 元。

构建完善科技保障体系。科左后旗通过建立旗镇村三级服务网络、组建技术服务团队、搭建信息交流平台，构建完善的科技保障体系，对黄牛养殖技术培训和技术推广形成了强有力的支撑，全旗建成黄牛冷配中心点 22 处、村级冷配点 680 处、配种技术员 895 人，有基层动物防疫站 22 个、基层兽医 130 人、村级防疫员 395 人、村级

草原上的"流动银行"上门发放养牛贷款

养殖技术培训

双胜镇建设高标准的黄牛养殖棚舍

协检员 335 人。每年围绕肉牛模式化养殖、浅埋滴灌技术、饲草料转化技术等内容开展培训，年均受益农牧民 10 万人次。

加强养牛基础设施建设。科左后旗帮助贫困户建设棚舍、窖池，结合饲草料基地建设，实施天然草原恢复，全面禁垦禁牧，提升了黄牛养殖标准化水平。建档立卡贫困户建设标准化棚舍面积达到 450 万平方米、窖池 222 万立方米。

赵哈达和其养殖的黄牛

赵哈达：贷款养牛脱贫致富。科左后旗查日苏镇沃德嘎查的赵哈达，曾是村里小有名气的富裕户，当时家里住着三间宽敞明亮的大瓦房，牛棚里养着 15 头黄牛，一家过着衣食无忧、幸福美满的生活。天有不测风云，赵哈达的儿媳、老伴儿先后因病去世，为了筹钱给家人治病，赵哈达将黄牛全部卖掉了。折腾光了家底，自己又患上了冠心病，只能靠举债过日子。

　　驻村扶贫干部得知因病致贫的赵哈达会养牛，但是苦于没有资金买牛，属于能养能贷类型户，就帮助他申请扶贫养牛贷款，买了 3 头基础母牛，修建了青贮窖池。赵哈达不但捡起自己养牛的老本行，还通过学习掌握了能够加快母牛的繁殖频率"母犊分离"技术。蒙古族有一句俗语："母牛遇母牛，三年两个头"。因为赵哈达养牛技术好，他家的 3 头基础母牛次年就生了 3 头牛犊，一年内 3 头牛变成了 6 头牛。2017 年，赵哈达用卖牛犊和自己一年来省吃俭用的钱又买了 2 头基础母牛。通过一年的精心喂养，2018 年，5 头基础母牛又生了 5 头牛犊，一下子变成了 10 头牛。不久，赵哈达家的黄牛已经发展到 16 头，成了村里的养牛大户。

　　白牧仁：贷款托养"扶贫牛"。白牧仁是科左后旗茂道吐苏木巴首嘎查建档立卡贫困户，家里除种植十几亩薄地大玉米外，没有其他

白牧仁托养黄牛之后种植了 80 亩玉米

产业。每年的收入微薄，加之孩子要上学，老母亲又得了脑血栓，需要常年吃药，多重原因让这个家背上了 20 多万元的债务。

2015 年，科左后旗的精准扶贫、精准脱贫政策给他家带来了福音。旗政府利用扶贫贷款给他家买了 1 头繁殖母牛，并帮助他将牛交给通和牧业公司托养，年终参与公司分红，当年白牧仁家就得到 4000 元的分红。2018 年，白牧仁家的牛产下了 1 头小公牛，年底他家从企业又拿到 6000 元的分红。同时，白牧仁还到通和牧业公司打工、做奶豆腐，每个月工资收入 2000 元左右；政府还按照国家扶贫政策，聘用白牧仁当生态护林员，每年工资收入 1 万多元。托养黄牛、企业分红、打工、做生态护林员，几项收入让白牧仁一举摘掉贫困户的帽子。

*仁钦尼玛：政府资金扶持养牛脱贫。*科左后旗巴胡塔苏木伊和布拉格嘎查仁钦尼玛两口子，一个脑出血后遗症，一个胆摘除，是典型的因病致贫户。仁钦尼玛虽然穷，但是有一手养牛技术，想贷款养

扶贫干部实地落实仁钦尼玛的养牛贷款

牛，无奈家徒四壁，没有可抵押物，贷不了款，属于不能贷款却能养牛类型户。了解到他家的情况后，旗政府利用扶贫项目资金购买 2 头牛交给他饲养。经过几年滚动发展，仁钦尼玛家的黄牛一度达到 19 头。2017 年 12 月，仁钦尼玛彻底摘掉了贫困户的帽子。2018 年，仁钦尼玛一家人均年收入达到 2.4 万元，跻身村里的富裕户行列。

李福海："甩手掌柜"也致富。科左后旗巴胡塔苏木伊和塔拉嘎查李福海，患过食道癌。手术后身体条件差，想打工，干不了重活。想养牛，既不能贷款又没有技术，属于既不能贷款买牛，又不会养牛的贫困户。根据李福海的情况，政府为他家定制了一套帮扶方案，利用扶贫资金为他家购置基础母牛，委托伊胡塔牛市代养，收益归李福海。政府为他贴息贷款 5 万元，购置 4 头黄牛，由伊胡塔牛市托管养殖，每年分红 4000 元，李福海当起了养牛的"甩手掌柜"。2018 年，李福海代养在伊胡塔牛市的牛已经发展到 6 头，加上 4000 元的企业分红，他家实现人均年收入 2 万元，高高兴兴地退出了贫困户行列。

李福海发展起了力所能及的庭院种植

三、利益联结　挂钩脱贫

　　科左后旗通过与本地涉农涉牧龙头企业实行订单收购、担保贷款、提供就业岗位等方式，构建"企业＋农户＋基地"产业化经营模式，全面推进黄牛产业全产业链发展。全旗年屠宰加工肉牛35万头，牛肉产量5.2万吨，牛奶产量6.5万吨。2016年以来，为龙头企业提供担保贷款9000万元，解决贫困户就业668人，以高于市场价格2%的标准，订单收购贫困户育肥牛1.2万头，订单收购青贮3万吨。龙头企业与养殖户利益联结，在做大做强黄牛产业的同时，也让贫困群众进入产业链实现增收。

　　*科尔沁牛业：产业扶贫农企双赢。*内蒙古科尔沁牛业股份有限公司（简称"科尔沁牛业"）是科左后旗引进的一家肉牛加工企业，是以牛肉食品加工为主体，以绿色饲料加工、畜牧产品研制开发、草原

龙头企业科尔沁牛业

科尔沁牛业加工车间

生态建设为基础的肉牛集约化和规模化的产业链条。依托现有产业基础，科左后旗加快科尔沁牛业等肉牛加工企业的规模扩张，提高屠宰加工能力，实现满负荷生产。拓展延伸产业链条，打造"肉牛—屠宰与肉类分割加工—肉制品加工"和"肉牛—脏器、骨、血液综合利用"两个产业链条。

科尔沁牛业拥有国际领先生产加工设备。先进自动化生产技术的运用提升了"科尔沁"牛肉品牌地位，增强了企业的市场竞争力，科尔沁牛业为全国 200 余个城市的家庭送去美味和健康的牛肉食材。产品远销科威特、阿联酋、约旦、黎巴嫩等中东国家，在马来西亚、文莱、巴勒斯坦、以色列等国家和地区得到广泛赞誉。

作为科左后旗肉牛产业的龙头企业，科尔沁牛业以"强大一个企业、振兴一方经济、富裕一片百姓"为己任，充分发挥龙头企业的示范带头作用。在促进企业品牌高质量发展的同时，也让越来越多的农牧民从产业链条中获得丰厚收益，创造出生态环境修复、产业做大做强、农牧民致富的"三赢"格局。

　　努古斯台镇：标准化的养牛"扶贫车间"。在扶贫攻坚中，努古斯台镇按照"牛出院、树进院"的思路，采取政府引导、村委会组织、群众集资、财政补贴的方式，在努古斯台嘎查建设了人畜分离、集中养殖的"扶贫车间"——标准化养殖小区。镇政府统筹使用"三到村三到户"等项目资金，统一购买134头母牛，作为"扶贫牛"，分配给全镇的"两无"贫困户。其中，家庭成员两个人以上的户共61户，每户各分得两头"扶贫牛"；家庭成员一个人的户共12户，每户分得一头"扶贫牛"。"扶贫牛"归贫困户所有，由入驻标准化小区的14个养牛大户按协议托管代养，贫困户不出钱，不出力，每年每头牛可以稳稳当当获得1800元的收益。

努古斯台镇努古斯台嘎查标准化养殖小区

四、相互合作　助推脱贫

在脱贫攻坚过程中，科左后旗遇到一个绕不过去的瓶颈。国家的各项扶贫政策主要通过有关部门来落实，政府扶贫的指导性政策和措施不太容易成为农牧民的完全自觉行动，一些非常好的扶持政策往往因为直接包办难以发挥实际作用，好的扶贫项目缺乏可持续性。在实践中，他们发现在脱贫攻坚中兴起的各类农牧民专业合作社的益贫性和益贫功能非常显著。因此，科左后旗出台扶持鼓励合作社参与扶贫

黄牛养殖专业合作社

攻坚的优惠政策，积极推进"合作社＋贫困户＋基地"的产业化扶贫模式，让合作社带上贫困户参与利益分红，确保贫困群众在产业发展中得到更多收益，有效解决了贫困户由于生产能力弱而无收入来源问题。全旗132个合作社为2616户贫困家庭托管黄牛5310头，合作社与贫困户共画脱贫"同心圆"，有力地加快了脱贫致富的步伐。

宏牛养牛专业合作社：带领贫困户"拔穷根"有妙招。宏牛养牛专业合作社成立于2012年，饲养黄牛213头，是一家集育肥、改良、繁育为一体，标准化、环保型的畜牧养殖场，是吉尔嘎朗镇规模最大的黄牛养殖专业合作社。合作社吸纳村民128户，其中建档立卡贫困户105户。105户贫困户将政府扶贫小额信贷资金入股合作社，合作社除按年收益的25%给入股人分红外，每年每户还可以分到价值8000元左右两岁母牛一头。同时，合作社为贫困户提供7个就业岗位，每年每户稳定增收2万元以上。

身患残疾、丧失了基本劳动能力的恩和岱嘎查贫困户付白音木

贫困户付白音木仁抽时间来合作社帮忙

仁，2017 年，将自己获得的政府 5 万元扶贫小额信贷入股宏牛养牛专业合作社，由贫困户成为合作社的入股人。付白音木仁不用承担合作经营风险，年年有分红。依靠合作社分红，付白音木仁顺顺利利摘掉了贫困户的帽子。作为合作社的入股人，现在付白音木仁操心的是如何将养牛场的规模不断扩大，这样，他就能获得更多的牛、分更多的红。

如今的宏牛养牛专业合作社，一排排红砖垒砌、彩钢板盖顶的"牛宾馆"坐落在田野上，合作社内水、电、路畅通，饲草加工机轰鸣作响，黄牛长势喜人。入股的村民走在脱贫致富的小康路上，日子越过越幸福。

五、延产业链　拓脱贫路

牛奶，是蒙古族群众饮食离不开的食材。蒙古族奶制品制作有着悠久的历史文化传承，家家是作坊，人人是工匠。手工制作的奶豆腐、奶皮子、奶酪、黄油、酸奶……深受人们欢迎。在脱贫攻坚中，科左后旗因势利导，将手工制作奶制品作为黄牛扶贫产业链上的重要一环，大力扶持手工奶制品业发展。

巴胡塔苏木查干塔力布嘎查的齐斯琴高娃，家里世代养牛，有着丰富的牛奶加工、黄牛养殖和奶制品制作经验。她家养殖黄牛 60 多头，依靠养牛、卖牛，午收入达 25 万元，过上了富裕的小康生活。

齐斯琴高娃原来制作的奶制品只是供自家食用，随着养的牛多了，牛奶产量也日益增多。齐斯琴高娃动了将手工制作奶制品这门老手艺发扬光大、在养牛之外再增加一份收入的心思，巴胡塔苏木党委、政府和查干塔力布嘎查"两委"对齐斯琴高娃的想法给予全力支持。

齐斯琴高娃在车间里手工制作的传统工艺奶制品受到市场青睐

各式各样的奶制品

2018 年 6 月，在苏木嘎查的鼎力扶持下，齐斯琴高娃注册成立了巴胡塔苏木红牛传统手工制作奶制品合作社，投入 21 万元，购买专用加工设备，建立独立厂房，开始规模生产手工奶制品，并注册了"查干"商标，产品一上市，就供不应求。

巴胡塔苏木红牛传统手工制作奶制品合作社成立后，齐斯琴高娃本着先富带后富的初衷，帮带没有牛、没有资金的贫困户进合作社学手艺赚钱，帮带家有富裕牛奶的乡亲们进入合作社增收，帮带没有制作奶制品习惯的乡亲们参与制作奶制品拓宽增收渠道。合作社的线上线下销售每月纯收入过万元。

六、"牛市场"激活"牛经济"

建一处市场，活一方经济。科左后旗赶着黄牛踏出"脱贫路"，黄牛交易市场功不可没。在不断提升黄牛品质，黄牛产业由粗放经营向集约化经营转变，由单一的数量型向质量效益型转变的同时，近年来，科左后旗积极培育黄牛市场，培养农牧民"经纪人"，由地区小市场向国内大市场转变。全旗饲养基础母牛超千头的嘎查村 242 个，

辐射全国的黄牛交易市场

饲养能繁殖母牛超 10 头户 3 万户以上，年出栏肉牛 50 万头以上。有着广阔前景的黄牛交易市场发展迅速，现有黄牛交易市场两个，活牛超市 50 个，年交易量在 100 万头以上。黄牛交易市场极大地激活了当地餐饮、旅店、超市、物流等服务行业，创造了剩余劳动力的就业机会，拉动了当地经济社会的发展，为决战决胜脱贫攻坚发挥了重要作用。

伊胡塔黄牛交易市场：带活了一方经济。伊胡塔黄牛交易市场 2010 年建立，占地面积 6 万余平方米，可满足近万头黄牛入场"亮相"交易，是目前通辽地区最大的黄牛交易市场之一。每逢黄牛交易日，天灰蒙蒙的还未放亮，伊胡塔黄牛交易市场里已是车水马龙、人头攒动，来自广东、上海、江苏、黑龙江、辽宁、吉林及周边地区的众多

伊胡塔黄牛交易市场

客商和养牛户从四面八方汇聚于此。伊胡塔牛市年交易量达到 50 余万头，市场年交易额达 50 亿元。

伊胡塔黄牛交易市场建立以来，不仅为科左后旗牛产业发展搭建起线上线下交易平台，还为贫困户担保养牛贷款 500 多万元，为 24 户没有养牛技术的贫困户代养黄牛，培养出了 2000 多个"牛经纪人"，带领乡亲养牛脱贫致富。同时，带动了周边物流、汽修、餐饮等第三产业发展，"牛市场"盘活"牛经济"，"牛经纪"致富众乡亲。

*白哈斯巴根：从贫困户到"牛经纪人"。*吉尔嘎朗镇伊和敖嘎查的村民白哈斯巴根家虽然是贫困户，但是他本人很有商业头脑，善于抓机遇。伊胡塔牛市一建立，他就发现了牛市孕育的商机，他和儿子做起了黄牛买卖的经纪人，每一个黄牛交易日，父子俩都要到牛市"倒腾"黄牛。他们从牛市买回架子黄牛精心喂养，待膘肥体壮时候，再运到牛市贩卖。经过 7 年多不停地"倒腾"，白哈斯巴根不仅自己"倒腾"牛脱贫了，经过他们父子俩的牵线搭桥，还解决

白哈斯巴根与山东牛商交易

了村里黄牛难卖的问题，激发了更多贫困户养牛的积极性。如今，白哈斯巴根家以往破旧的土房早已翻盖成了三间敞敞亮亮的大瓦房，原来"倒腾"黄牛的柴油三轮车也更换成新型货车，年纯收入达20多万元。

格日勒：牛市给我带来了就业岗位。伊胡塔嘎查村民格日勒，地道的蒙古族汉子，已经40多岁了，不会说汉语，外出打工语言上有障碍。因为有了伊胡塔牛市，村里的餐饮业一下子发展起来，自己在家门口一家饭店打工已两年多，一个月能拿2000元的工资。在村里打工，语言上方便沟通，还能照顾家，格日勒觉得日子越过越有滋味了。目前伊胡塔黄牛交易市场附近宾馆、饭店由最初的3家增加到40余家。在牛市的带动下，不仅火了周边餐饮旅店经济，也带动了物流、汽修业的发展，许多年轻村民学起了技术，在家门口找到了"新饭碗"。

格日勒在饭店打工

永胜："快手"刷出黄牛交易新天地。巴胡塔苏木召根苏莫嘎查村民永胜，为了学习短期育肥、母牛保揣等技术，下载了"快手"APP，无心插柳柳成荫。永胜在登录快手学习技术的同时，认识了不少网友，涨了一大堆粉丝，他发现大家在交流养牛技术的同时，还通过直播进行活牛交易。快手打开了永胜的思路，他在快手上建立交易平台——"活牛超市"，仅仅 16 个月，通过快手直播交易销售科尔沁黄牛 2000 头，创造 600 万元纯收入，还带动 7 户 100 头以上的养牛大户参与网上平台交易，客户遍及全国各地，开辟了科左后旗黄牛交易新天地。

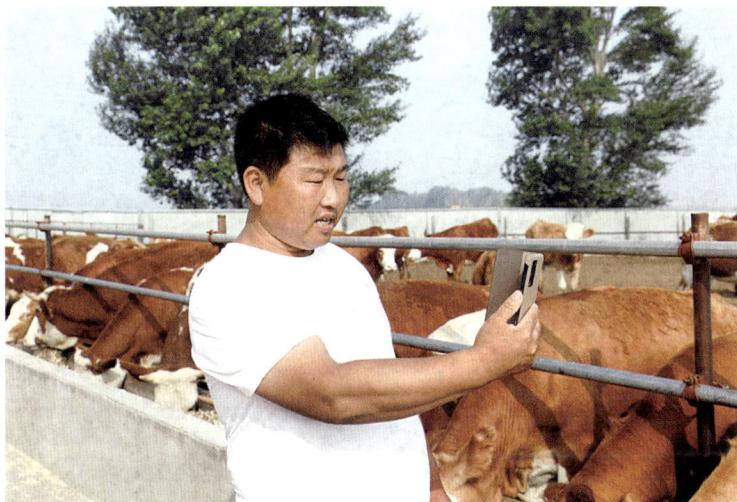

永胜利用"快手"APP 进行线上黄牛交易

中国西门塔尔牛"网上活牛"超市开启"互联网牛业"新模式。科左后旗天风集团、浩远农牧、同富畜牧顺应"互联网 +"经济新业态，联袂打造的中国西门塔尔牛"网上活牛"超市，采用传统交易和超市化经营相结合的模式，以设立交易日、自购自养自销、代养代销等模式，扩大销售渠道，把中国西门塔尔牛推向全国。到 2021 年 12 月，超市日常牛存栏保持在 5 万多头，带动就业 1000 余人，科左后旗黄牛产业走入互联网时代。

甘旗卡镇中国西门塔尔牛超市

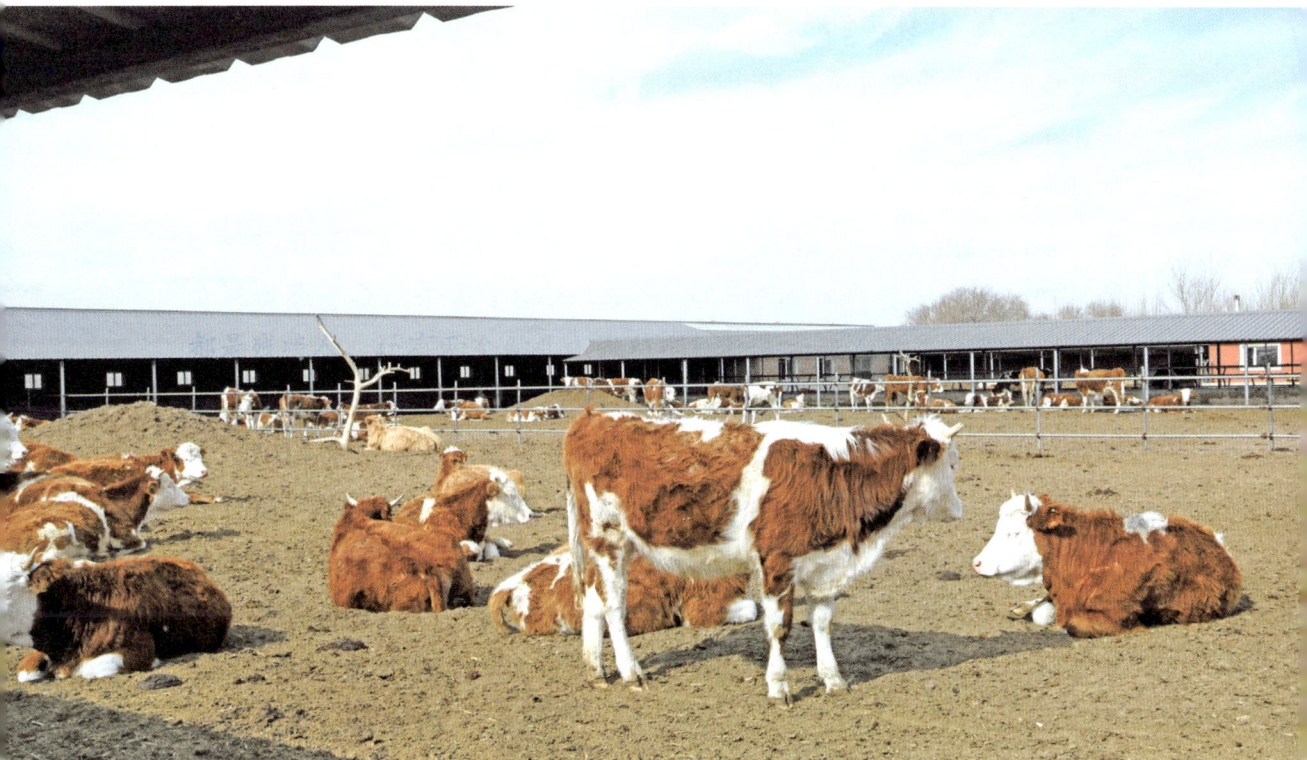

阿都沁苏木黄牛养殖小区

■ 小 结

综上所述，科左后旗在脱贫攻坚中，不但明确"扶持谁"，更明白"怎么扶"。科学制订脱贫攻坚计划，坚持以生态修复为基础，坚持为养而种，为牧而农。突出发展黄牛主导产业和屠宰加工业，做到扶贫资金跟着贫困户走，贫困户跟着项目走，项目跟着市场走。2014年以来，使用项目资金为贫困户购进黄牛12856头，建设棚舍4370座、窖池4598座。到2019年12月，全旗黄牛饲养量达100万头，贫困户（含已脱贫户）养牛6.86万头，人均2头牛，养牛成为群众增收致富的主渠道，科左后旗被列入全国首批养殖大县名录。《赶着黄牛奔小康》（《人民日报》2016年11月13日）是对科左后旗通过黄牛产业实现贫困户稳定脱贫的最好诠释。

"人均一头牛，脱贫不用愁；人均两头牛，致富有奔头；人均三头牛，小康路上走。"科尔沁草原的雄浑与壮阔，给科左后旗人带来了天生的豁达与乐观，他们深爱着这片土地，更深爱着与他们共同生长并带给他们财富的黄牛产业。如今，科左后旗各族群众赶着黄牛奔走在小康路上。

"黄牛之乡"的康庄牧歌

第 6 章

沙乡添色满生辉

我们既要着力美化环境，又要让人民群众
舒适地生活在其中，同美好环境融为一体。

——习近平

"昔日沙虐使人愁，今日风清让人醉。绿肥黄瘦容颜改，人欢鸟唱歌舞飞。"在实施生态修复、减少贫困的过程中，科左后旗紧紧围绕"生态美、产业兴、百姓富"的目标，培育生态资源、加强生态保护、发展生态产业、致力生态扶贫，走出了一条生态修复产业化、产业发展生态化，绿水青山化为金山银山的脱贫之路。同时，强化基础

科左后旗国家 AAAA 级景区——大青沟

设施建设，改善居住环境，实现了稳定脱贫，城乡面貌焕然一新，绘就了一幅绿水青山新画卷。

随着环境的改善，科左后旗将发展旅游产业作为脱贫攻坚的重要新兴产业，大力发展乡村旅游、生态旅游、文化旅游，实现了生态修复环境美，旅游扶贫产业兴。2021年，科左后旗共接待国内外游客125万人次，实现旅游综合收入11.02亿元。在旅游及相关产业的带动下，全旗有12个旅游扶贫重点村实现整体脱贫。

如今的科左后旗大地呈现出一派生机盎然的景色，村屯街路平坦、村貌绿树成荫、住宅明亮宽敞，自然景色比比皆是，环境的变化、喜悦的心情尽显在广大农牧民的脸颊上……

乌丹塔拉秋色

一、基础设施　日臻完善

　　自脱贫攻坚工作开展以来，科左后旗致力于经济社会发展和城乡建设的统筹协调，聚焦"两不愁、三保障"，完善基础补短板、精准施策强弱项，经过不懈努力与奋斗，城乡面貌发生了翻天覆地的变化。全旗道路、河道、房屋、绿化等基础设施建设快速发展，居民基本住房、安全饮水等生产生活条件不断改善，老百姓的日子也发生着"从贫到富"的喜人嬗变，为乡村振兴战略的实施夯实了基础。

公路交通四通八达，为经济社会发展带来强劲动力

乡村街道

乡村公路

乡村公路四通八达。彻底改变了过去"行程一里用半天，一身泥土二斤半。遇到急事抓紧赶，累死老牛难如愿"的交通窘境，解决了群众出行难的问题，一条条掩映在鲜花绿树中的农村公路，成为群众满意的致富路、幸福路；通过集中供水和分散供水相结合的方式，实现安全饮水工程全覆盖，跟踪开展水质检测，全旗 858 个村屯水质、水量、用水方便程度、供水量等全部达标；全面加强基层文化活动阵地建设，村级文化活动室、文化广场、草原书屋全覆盖，群众精神文化生活丰富多彩；建设标准化嘎查村卫生室，村级卫生保障无死角，实现了群众家门口就医，小病不出村；提升改造便民连锁超市，实现全旗行政村全部都有便民超市，购置生活物品不出村；实施广播电视和网络信号全覆盖工程，电视信号、手机通信和无线网络覆盖千家万户；实施农村电网改造工程，解决了一些嘎查村电压低、用电不稳的问题，电力供应有安全保障；加强美丽乡村建设，实现了路路有林、村村见绿，乡村美景处处见；大力推进农村人居环境治理工作，"树进村，牛出院"，推进厕所革命，通过定期组织党员干部集中清理、雇用贫困户当保洁员、开展"三美一净"评选活动等措施改善环境，生活环境、人居环境美不胜收；实施电子商务进农村，支持可意网、玛拉沁 E 店、乐村淘等电商企业向基层延伸，带动贫困农牧民网上销售农副产品。2017 年，科左后旗被评为国家级电子商务进农村综合示范县。

包牤牛嘎查：生态宜居面貌新。科左后旗吉尔嘎朗镇包牤牛嘎查以"绿色、美丽、宜居"为乡村发展理念，扎实推进乡村振兴建设，重建设强管理，面貌为之一新。

脱贫攻坚以来，包牤牛嘎查累计实施危房改造 123 户、安全饮水覆盖 167 户，建立了行政村标准化卫生室、文化活动室、便民超市，实现了广播电视"户户通"，完成嘎查水泥路修建 11.1 公里。嘎查严格按照村规民约和落实门前"三包制度"，聘请专职保洁员 2 名，实现生产生活垃圾日产日清。坚持因地制宜，突出产业优势。嘎查先后投资 26 万元，并争取四级财政扶持嘎查村集体经济项目资金 125 万

俯瞰包牤牛嘎查

元，建设 3 座果蔬大棚，在 100 亩集体林地统一栽种鸡心果、山楂树苗木。在集体经济林地的示范带动下，嘎查农牧户大力发展庭院经济林项目，每年生产蒙古沙果 10 万斤、葡萄 20 万斤，年人均增收

包牤牛嘎查的果蔬大棚

1600元。新建了"包牤牛红色教育基地",开设党史、历史沿革、红色教育、党的十八大和十九大精神、新党章等方面的课程,每年分期分批次地开展教育培训1000余人次。

现在的包牤牛嘎查,已经成为生态宜居、乡风文明、治理有效、生活富裕的美丽幸福新农村。

高井嘎查:"德艺双馨"氛围浓郁。在科左后旗,只要一提到"德艺双馨"的嘎查村,第一个想到的就是茂道吐苏木高井嘎查——这里的村民几乎人人在文化上都有"两把刷子"。

高井嘎查位于科左后旗茂道吐苏木西部50公里处,全村共有104户、437人,是农牧业结合发展的嘎查,享有"文明之村""黄牛之村""庭院经济之村""书法之村"美誉。

置身高井嘎查,随处都能感受到现代、文明、和谐的气息,丰富多彩的文体活动营造着浓厚的文化氛围,充实着人们的生活,村庄也有了属于自己的大格局。

高井嘎查文化活动室

蒙古文书法艺术流光溢彩。当走进高井嘎查文化活动室时，映入眼帘的是四面墙壁挂满的一幅幅竖成行、横成阵、书写精美传神的蒙古文书法字画。仔细观察品味，那些扬角甩尾的恰似蛟龙出海，挺腰垂肩的犹如婀娜多姿的草原姑娘，腆肚带钩的像摔跤健将，甩出字撇的俨然是一位驰骋在原野上的牧马人。

"庄稼活儿不忙的时候，我就经常来村部写写字，村上给我们提供了这么好的场所我真的是非常开心。以后我还要带领更多的村里人将老祖宗留下的东西传承下去。"蒙文书法爱好者海明说。

高井嘎查 10 余名"乡土书法家"，过春节时为村里每家每户都准备好祝福满满、年味儿十足的免费毛笔字春联，让群众感受到浓浓的乡土气息和亲切感。

农村基础设施的改善和提高，不仅改善了农村生产、生活环境，同时也提高了广大农民的生活和消费水平，提升了生活质量和品位，

传承蒙文书法从儿童抓起

增强了人民群众的幸福感，为建设高原美丽乡村、加快脱贫致富步伐、全面建成小康社会奠定了坚实的基础。

二、沙漠绿洲　神奇青沟

科左后旗大青沟国家自然保护区素有"沙漠绿洲""沙海明珠"和"天然野生动植物基因库"等诸多美誉。历经亿万年来的地壳运动、气候变化、生态衍进、人类活动等因素，这条长达 24 公里、深约 100 米、宽 200—300 米的"沙漠大峡谷"毅然保持着原始完好的自然生态环境。这里地貌怪异，沟深林密，景观奇特。沟外气温干燥植被稀少，沟内则绿树繁茂冬暖夏凉。大青沟内现已查明的植物有

大青沟冬韵

大青沟秋色

大青沟之夏

700 多种，动物 170 多种，是一座天然的动植物宝库。

沟下原始森林奇花异树纯乎自然为沙海一绝。这里春天百花齐放，夏天绿树成荫，秋天枫叶似火，冬天云雾蒸腾。"五月杏花，六月桑，八月山里红到家"……这里到处闪烁着生命的灵光。

这处沙漠绿洲，曾因为周边生态环境的持续恶化，一度处于沙进绿退、被黄沙吞没的险境。科左后旗通过实施生态修复工程，实现了生态环境"绿肥黄沙瘦"的良性逆转。今天，神奇的大青沟宛如一条绿色的巨龙横亘沙海，更加璀璨靓丽。沟内，古树参天，林海莽莽，林下遍生奇花异草，林间栖息珍禽异兽；谷底，泉水叮咚，四季涌流，汇成小溪长年不冻，苍茫林海，云遮雾障。小青湖碧水连天，幽谷森森，风光旖旎，令人叹为观止。四周被起伏无边的沙地草原所环抱，宜人的景色、奇特的地貌、众多的物种和古朴自然的草原风光，

漂流探险乐悠悠

为游客提供骑马体验服务，贫困户化身旅游专业户

让来这里避暑、休闲、度假、科考的人们流连忘返。

目前，科左后旗在国家 AAAA 级景区大青沟开发出漂流探险、空中游览、大漠漫游、草原赛马、民俗风情等文旅项目。建起了原始森林、三岔口漂流探险、小青湖水上乐园 3 大景区，20 多个景点。每年举办一次大青沟民俗文化旅游节，吸引了大量中外游客，周边农牧民依托大青沟旅游业实现脱贫致富。

三、红透秋枫　乌旦塔拉

"停车坐爱枫林晚，霜叶红于二月花。"赏枫不必远赴他处，在科左后旗境内就能"看万山红遍、层林尽染"。科左后旗是极具代表性的赏枫胜地，乌旦塔拉科尔沁沙漠地带秋天红叶飘舞……沙坨之上，

乌旦塔拉"枫"情万种

可谓"枫"情万种。

　　在科左后旗政府所在地甘旗卡镇以东55公里处，省道305线以南11公里处科尔沁沙漠腹地，甘旗卡、吉尔嘎朗和常胜三镇的交界地带的乌旦塔拉五角枫森林公园，总面积35万亩，其中核心区105300亩。有林面积93000亩，占保护区总面积的88％。在林地面积中国家重点公益林83921亩，其中天然林53000亩。保护区内植物有56科191属333种，主要以五角枫为主，其生长年限在50—500年，部分树龄在500年以上，胸径达80—100厘米。其他树种有蒙古栎、山里红、大果榆等，是科左后旗有林面积较大、自然生态保存较好、林木品种较多的一处自然保护区。有世界级保护动物两种，分别为大鸨和金雕，国家级保护动物28种。乌旦塔拉五角枫公园现已被通辽市列为"通辽市十大郊野公园"之一。

　　乌旦塔拉景区的红叶树距今已有数百年的历史，其中以红叶乌柏、枫树居多。由于树龄不同，地势不同，加之沙丘阻挡所接受的寒

千年枫王

枫境童谣

夏与秋的"枫"语

邂逅秋枫

气不一样，这里的枫叶色彩变幻无穷，有时在一棵树的大小枝叶上还会出现嫩黄、橙红、赭红、血牙红、深红等多种颜色，被专家和游人称为"五彩枫"。进入景区门，几株刚及人高，满身叶子无一不红的枫树，三三两两错落在花带里，那样小巧玲珑，像极了过年时一个个喜气洋洋的身着盛装的小孩。那红的枫叶，绿的花带，充满了中国年画红红绿绿的风韵。

乌旦塔拉保护区不但是防沙治沙、守护生态的绿色屏障，姹紫嫣红、枫叶流丹的五角枫还是发展旅游业的"摇钱树"。从2016年开始，科左后旗每年在乌旦塔拉举办"通辽·乌旦塔拉枫叶节"。届时，乌旦塔拉五角枫森林公园内，漫山红遍，层林尽染……秋天在这里，有一种别样的热烈与妖娆，全国各地慕名而来的游客，在这里邂逅一个秋枫盛放的秋天。

生态旅游带动了景区周边经济发展，也给贫困户创造了就业机会

四、贫困村吃上"旅游饭"

散都苏木车家窝堡村地处辽、吉、蒙三省区交界，科尔沁沙漠的边缘。他们借助旅游扶贫政策的东风，将家门口的茫茫沙漠开发成了占地面积 13000 余亩，集文化、旅游、休闲、观光、体验于一体的特色草甘沙漠旅游景区，让贫困群众吃上了"旅游饭"。

车家窝堡村将村民的土地整合变为股份，以村集体经济的形式开发建设成草甘沙漠风景旅游区。景区和贫困户双方自愿协商，21 户贫困户以农行"富农贷"资金、3 户贫困户以信用社小额贷款户均 5 万元一次性投入景区基础设施建设，景区每年向贫困户支付 5000 元的红

车家窝堡村草甘沙漠风景旅游区

沙漠变景区，游人迭至

利，贷款到期后由景区偿还本金；7户贫困户用以奖代补资金共8.8万元投入景区，景区每年向贫困户支付3000元红利。为19户有劳动能力的贫困户提供导游、保安、餐饮服务等就业机会，为12户贫困户免费提供经营摊位，扶持有条件的2户贫困户经营"农家乐"，景区帮助介绍食宿游客，实现了"措施到户精准"。在景区的带动下，全村39户贫困户、122人实现整体脱贫。2018年，草甘沙漠旅游区获得全市乡村旅游发展范例奖，入选"内蒙古自治区旅游扶贫示范项目"。

常英：旅游这碗饭给个"铁饭碗"都不换。常英一家4口人，妻子身体不好，两个女儿在外地上大学。给妻子看病，供两个孩子上学，加起来每年要花费五六万元。外出打工，每月收入2000多元，不够部分只能向他人借高利贷。1万元的借款，到一年期就要支付2400元的利息。生活的负担像座山压得常英喘不过气来。生活最困难的时候，家里连10元钱都拿不出来，妻子整天郁郁寡欢，这样的

大漠驼铃摇响致富曲

日子啥时是个头儿。

2014 年，村里组建草甘沙漠旅游景区，常英的生活开始发生变化。景区为他购置了一峰骆驼，让他平时负责饲养，在旅游区通过游客骑骆驼游览观光拍照挣钱，所得收入全都归常英。在旺季时，每个月能接待两万多游客，常英一峰骆驼的月收入可以达到 4000 元。赚的钱是外出打工的两倍，同时牵骆驼、种地两不误，常英尝到了旅游业的甜头。

政府为了扶持常英通过旅游尽快脱贫致富，利用扶贫资金帮助他买了 3 匹马，常英又从景区租了 6 峰骆驼，带着有病的妻子每天早晨 6 点钟到景区接待游客，晚上太阳落山，游客走了，他和妻子带着鼓鼓的钱包回家，最多时一天收入高达 3000 多元。现在常英有了 5 匹马、6 峰骆驼，还购置了一辆勒勒车，平均一天收入 1000 多元。

党的扶贫政策好，孩子上大学政府有补贴，有了旅游区，收入

常英在景区牵骆驼，最多时一天收入高达 3000 多元

多，妻子的心情舒畅了，精神也好了。两个上大学的孩子不再为学费发愁了，更懂得感恩。小姐俩利用寒暑假免费给村里的孩子办补习班，她们要通过自己的行动帮助更多的孩子走出沙窝窝，报答党和政府的恩情。每当说起现在的日子，常英自豪地说："旅游就是'金饭碗'，给我个'铁饭碗'都不换！"

五、"农家乐"花开乐农家

科左后旗通过生态修复，换回了绿水青山。他们依托绿水青山和当地文化底蕴，鼓励并支持贫困群众通过开办经营农家乐、牧家乐实现增收脱贫。到 2019 年 12 月，全旗共有农家乐、牧家乐 50 余家，带动贫困人口年人均增收 5000 元。

农家院游客餐厅外景

体验牧民生活

农家院成了旅游点

秉承"授之以鱼不如授之以渔"的原则，在甘旗卡镇、散都苏木、查日苏镇等50余个嘎查村组织开展妇女技能培训班，聘请专业人士指导当地贫困妇女学习蒙古族刺绣、手工艺品制作等技能，并免费为贫困户提供刺绣所需的手工材料，高价回收成品，使700余名贫困妇女在不出门、不影响家务的情况下增加可观收入。

巴胡塔苏木、朝鲁吐镇等地利用充足优质的牛奶资源、种植业资源开发原生态、无污染的品牌奶制品，杂粮杂豆、大米等旅游商品，带动60户贫困户参与生产加工，产品直销区内外。

科左后旗内10余家涉旅企业有针对性地为贫困户提供就业岗位105个，保障贫困户有稳定收入，8家旅游饭店与贫困户签订蔬菜订单，带动25户贫困户留在家里守住菜园子增收。

六、"敖包相会"呼朋引伴

　　阿古拉草原是科左后旗的一处风水宝地，是一代爱国将领僧格林沁的故乡。境内双合尔山在草原上突兀拔起，方圆占地百余亩，山高近百米，以"天下第一大敖包"称奇于内外，其成因乃千古之谜。山上有一座清朝雍正年间修建的古白塔，属自治区级重点文物保护单位，其建筑制式和造型完全仿北京北海公园之白塔，并称"中华宇内姐妹双塔"。山脚下曾有清朝年间所建的双福寺喇嘛庙九九八十一间，巍峨壮观，与北京雍和宫如出一辙，形神俱备。

"天赐敖包"双合尔山

双合尔“楚古兰”

双福寺

　　阿古拉草原是全国著名的蒙古族叙事民歌源流地，民间流传着大量真实可歌可泣的蒙古族民歌。电视剧《达那巴拉》就取材于阿古拉草原的真实性故事。

　　阿古拉草原是"十五的月亮升起的地方"，这里的叙事民歌、胡仁乌力格尔、低音四胡被纳入国家非物质文化遗产名录。每年的端午节，这里都举行一年一度的"楚古兰"（"楚古兰"为蒙语，汉语译为"集会"）。这一天，阿古拉及周边的农牧民群众都自发地聚集在双合尔山下，举行搏克比赛、赛马、乌力格尔演唱及登山、踏青、赏花等文化娱乐活动。

　　这里有保存完好的万亩原始湿地，风光无限。协日勒万亩封山乔灌丛林，春华秋实，瀚海滴翠。双合尔山下的白音查干淖尔湖，万鸟云集，为北方独具特色的候鸟家园。阿古拉集湖泊、草原湿地、大

赛马

搏克比赛

射箭

20 多户贫困户依托景区，每年户均增收 1 万元以上

山、沙漠于一体，适宜发展旅游业。

2018 年，科左后旗以全面落实"敖包相会"品牌战略和"全域旅游""四季旅游""旅游 +"发展战略，深挖地区旅游发展资源，加快推进文化旅游供给侧结构性改革，投资 2.5 亿元着力建设阿古拉敖包相会主题小镇项目，全力将阿古拉旅游区打造成"敖包相会的地方"主题小镇、蒙古族民俗文化体验等综合性旅游小镇。

依托阿古拉镇双合尔山、白音查干湖、两千亩草原湿地的自然旅游资源，按照城镇建设总体规划，科左后旗在保护传统民族文化小镇原真性、整体性的同时，着力将娱目之景、人文之美、传统建筑之美融入民族文化小镇建设全过程。连续两次举办中国·通辽"绿色发展守望相助·敖包相会"文化旅游节，吸引来自"一带一路"沿线 10 多个国家以及国内嘉宾游客相聚在"天下第一敖包"下。

敖包相会文旅主题小镇

■ 小 结

综上所述，有着"马王之乡""蒙古族叙事民歌之乡""绿色水稻之乡""旅游之乡""蒙古文书法艺术之乡"等诸多美誉的科左后旗，依托全旗历史悠久、文化厚重、乡村秀美等旅游资源禀赋，构建起"旅游＋扶贫"模式，通过培育旅游扶贫典型，完善乡村旅游设施，加强乡村旅游指导，大力发展城镇依托型、景区依托型、农牧业依托型、文化依托型和民俗依托型等乡村旅游业。

科左后旗动员旅游企业和旅游人士与贫困嘎查村、建档立卡贫困户精准结对，通过智力支持、物资帮扶、技术指导、带动就业等方式，培育富民产业、建设基础设施、促进贫困嘎查村社会事业发展，将乡村的"风景"变成"产业"、乡村的"美丽"转化成"财富"。引

脱贫的蒙古族群众歌唱新家园、歌唱新生活

美丽的草原，可爱的家乡

导贫困群众走上了一条绿色脱贫之路，让生态修复再造的绿水青山化作贫困群众脱贫致富的金山银山。

如今，科左后旗每天都有新的变化，每天都有新的惊喜。从城市到乡村，从机关单位到厂矿企业，从公园广场到住宅小区，科左后旗变得美了、绿了、整洁秀美、文明优雅，变得像一只美丽多彩的蝴蝶在蓝天白云间翩翩起舞，这些润物无声的变化渗透在生活的每个角落，滋养着美丽祥和的科左后旗，也为生活在这里的人们带来了一份真实的幸福感和获得感。在今后的发展中，科左后旗必将一路向前，走向更加美好的明天。

[心迹] 沙漠中的驼铃
抱团吃旅游饭

第7章

科左后旗启示录

全面实现小康，少数民族一个都不能少，一个都不能掉队。

——习近平

习近平总书记对少数民族边疆地区贫困群众的亲切关怀和殷殷嘱托，激励着内蒙古通辽市科左后旗干部群众团结一致、沉心静气，以"全力以赴、不胜不休"的决心奋勇向前，和衷共济，大力度高质量打赢打好脱贫攻坚战，创造出中国脱贫攻坚的"科左后旗模式"，也给我们留下了许多启示。

一、压实各级责任　构建"大扶贫"格局

实现贫困人口如期脱贫，是中国共产党向全国人民作出的郑重承诺，责任重于泰山。科左后旗不辱使命，坚持严字当头、实字打底、干字为先，全体党员干部以一刻也不放松、一件事也不放松、一个人也不放松"三个不放松"精神，向贫困"硬骨头"宣战。

主要领导亲自统筹协调、严抓实管。科左后旗旗委、人大、政府、政协四大机关领导全员上阵，"分兵把口"，2147名结对帮扶干部、1009名驻村干部尽锐出战，与贫困群众同吃同住同劳动同学习，4个脱贫攻坚督查组、5个业务指导组全程跟踪督导，真正做到三级书记抓扶贫、三级干部齐扶贫。

脱贫攻坚指挥部调度发挥中枢作用。科左后旗组建脱贫攻坚指挥部，下设养牛、旅游、电商等19个专项扶贫推进组，制定72条帮扶措施，实施24个行业扶贫行动计划，全面推进落实。

嘎查村"两委"干部帮助贫困户寻找脱贫路径

扶贫干部进村入户访贫

组建社会扶贫促进会、慈善总会等社会扶贫平台，引导 15 家民营企业与 15 个贫困村结对，100 名非公有制经济人士扶持 400 个贫困户，募集各界捐助 1309 万元。

借助京蒙扶贫协作。科左后旗与京蒙扶贫协作地区和定点帮扶单位有效沟通对接，签订协议 30 余份、争取到位援助项目资金近 5000万元。构筑起党政主导、行业协同、社会参与、群众主体"四位一体"的大扶贫工作格局。

二、深化党的建设　强基层战斗堡垒

"扶贫开发，要给钱给物，更要建个好支部。"科左后旗充分发挥党的优势，树立鲜明导向，层层压实责任，夯实基层基础，深入推进

抓党建，促脱贫

常胜镇新民村的村办服装加工厂

抓党建促脱贫攻坚、乡村振兴工作。

发挥嘎查村党组织在脱贫攻坚主战场的领导核心作用。科左后旗常态化整顿软弱涣散嘎查村党组织71个，1名嘎查村党组织书记考录为行政编制人员，3名嘎查村党组织书记考录为事业编制人员，2名嘎查村党支部书记在2021年通过换届走上苏木镇领导岗位，并对30名在抓党建、推进脱贫攻坚工作中实绩突出的嘎查村党组织书记给予事业单位人员工资，将嘎查村党组织建设成为脱贫攻坚的领导核心。深入开展"五面红旗嘎查村"争创活动，2018—2021年，有56个嘎查村争得了83面"红旗"。

嘎查村党组织牵头成立合作经济组织。科左后旗嘎查村党组织牵头成立嘎查村经济合作组织56个，通过担保贷款、托管代养、入股分红等方式，帮助贫困户发展产业。

推进嘎查村集体经济"清零递增"行动。科左后旗262个嘎查村全部实现了有集体收入，实现集体经济清零递增，进一步夯实了党组织服务农牧民群众的物质基础。

阿都沁苏木乌列斯台嘎查手工编织厂

发挥党员先锋模范作用。脱贫攻坚中，科左后旗提拔重用脱贫攻坚工作中表现突出的干部 178 名。

鼓励党员领办创办经济实体。科左后旗组织 2936 名有能力的党员包联 4098 个贫困户，为贫困嘎查村打造出一支"不走的扶贫工作队"。

三、推进精神扶贫 提振脱贫"精气神"

外因是变化的条件，内因是变化的根据，外因通过内因而起作用。人穷志不能短，扶贫必先扶志。科左后旗在打赢脱贫攻坚战中，注重扶贫同扶志、扶智相结合，把贫困群众积极性和主动性充分调动起来，引导贫困群众树立主体意识，发扬自力更生精神，激发改变贫困面貌的干劲和决心，变"要我脱贫"为"我要脱贫"，靠自己的努

基层文化活动丰富多彩

载歌载舞走进新时代

力改变命运。科左后旗深入开展移风易俗活动，通过推行"3+2+X"工作模式，引导贫困农牧民转变思想观念，大力弘扬勤劳致富、勤俭持家的优良传统。

建立贫困家庭本科以上学生就业"绿色通道"。科左后旗扶持贫困家庭高校毕业生创业，旗内企业帮助贫困农牧民转移就业512人。

实施民间借贷化解行动。科左后旗在农村牧区一户一户梳理债权关系，一笔一笔对接协商，化解4415户、13062万元，化解率分别为85.7%、86.5%。

建立133家爱心超市。科左后旗引导贫困群众通过自力更生勤奋创业、参加公益劳动等方式获取积分，然后凭积分卡到爱心超市免费兑换所需日用品，激发贫困群众立志脱贫的内生动力。

四、把握精准要义　贯穿脱贫全过程

脱贫攻坚，贵在精准，重在精准，成败之举在于精准。科左后旗在脱贫攻坚工作中，不搞大水漫灌、不搞走马观花、不搞大而化之，而是下足"绣花"功夫，做实做细每个环节。

扣好精准识别第一道"扣子"。对全旗8万余户农牧民开展大排查大走访，先后4次开展大规模精准识别动态调整，每次调整都坚持新识别户反复核对、退出户认真核对、群众反映问题再次核对"三个核对"和左邻右舍相互印证、民主评议现场印证、调取信息档案核实印证"三个印证"，严格标准和程序，做到不少一道程序、不落一个环节，让群众全程参与、全程监督，真正做到"扶真贫、真扶贫"。

坚持做到因户施策。精准落实项目资金和帮扶措施，精准发力，让各族群众满意，极大地彰显了精准扶贫、精准脱贫的政治效益和经济效益。

因地制宜，发展特色产业

五、实施"八大产业" 夯实富民之根基

　　产业扶贫是稳定脱贫的根本之策，产业增收是脱贫攻坚的主要途径和长久之策。科左后旗坚持资金项目跟着贫困户走、贫困户跟着产业走、产业跟着市场走，真正把贫困户带入脱贫致富之路，把富民产业带入跨越发展之路。

　　突出主导产业。科左后旗作为远近闻名的"黄牛之乡"，牢牢牵住黄牛产业"牛鼻子"，紧紧抓住金融扶贫"金钥匙"，探索推广贫困户贷款饲养基础母牛"四种模式"，累计投放扶贫小额信贷 3.7 亿元，贫困户养牛数量达到 6.86 万头，人均 2.4 头牛，实现了有劳动能力的家家有牛养、无劳动能力的户户有分红，带领群众赶着黄牛奔小康。

　　抓实生态产业。科左后旗坚持生态惠民，通过种树种草、以造代育、参与管护等途径，带动贫困户增收 1.25 亿元，年人均增收 742 元。

推广节水农业。科左后旗通过工程治理、民干公助等方式，为 5462 个贫困户实施浅埋滴灌 11.7 万亩，年户均增收 300 元以上。

搞活庭院经济。科左后旗通过政策扶持、企业带动，因地制宜发展特色种养业，全旗贫困户发展庭院种植 8560 亩，原本闲置的庭院变成了"聚宝盆"。

小庭院的收获季

发展光伏产业。科左后旗通过建设海鲁吐 39.3 兆瓦集中式光伏扶贫项目和 78 个贫困村村级光伏电站，设立贫困户公益岗 522 个。村级光伏扶贫电站收益的 80%用于贫困人口承担公益岗位任务的工资和参加村级公益事业建设的劳务费用支出，支持鼓励贫困劳动力就地就近就业。20%用于开展奖励性补助，资助因灾因意外等特殊情况导致生活陷入困难的贫困户，设立短平快嘎查村集体经济基金，设立贫困户公益岗位 482 个。公益岗位每人每月工资 730 元。

实施旅游扶贫。科左后旗借助丰富的旅游资源，通过培育乡村旅游、举办主题活动，带动 370 个贫困户发展旅游项目，年人均增收 5000 元。

推进电商扶贫。科左后旗通过支持可意网、玛拉沁 e 店等向基层延伸，2017 年被评为国家级电子商务进农村综合示范县。

强化转移就业。科左后旗通过技能培训、组织化就业等方式，开展实用技术培训 6 万人次，举办汽车驾驶、家政服务、母婴护理、电

海鲁吐镇伊和新艾里嘎查 39.3 兆瓦集中太阳能电站

草甘旅游景区

电商扶贫惠嘎查

气焊、烹调等技能培训班 41 期，培训 1718 人；建设扶贫车间 7 个，带动就业扶贫 86 人，其中贫困户 30 人；设置公益岗位保洁员 333 个。通过推荐岗位信息、推行线上"云招聘"等模式，帮助贫困农牧民务工就业 4165 人。

六、强化"四个保障" 增加群众幸福感

脱贫攻坚要聚焦特殊人口精准发力，加快织密筑牢民生保障网。科左后旗针对不同的家庭情况和贫困原因，精心设计了一套民生保障"组合拳"，不断优化社会保障体系。

教育扶贫"拔穷根"。科左后旗先后投入 7.3 亿元改善农村牧区办学条件，通过了国家义务教育发展基本均衡县验收；全面落实助学

吉尔嘎朗幼儿园

村级标准化卫生室

贷款、助学补助、伙食补助、交通补助政策，坚决不让一个学生因贫失学、一个家庭因学返贫。

医疗救助"解难题"。科左后旗全面实施健康扶贫"三个一批"工程，落实"三兜底"政策，为贫困群众提供签约服务、疾病筛查服务；先诊疗后付费"一站式"结算服务惠及 21155 人次、核销 12931.5 万元；在全区率先实行为慢性病患者提供"家庭病床"服务，家庭病床共设床治疗 32271 人次，核销金额 1191.3 万元，切实减轻了贫困群众就医负担。

危房改造"挪穷窝"。科左后旗累计投入资金 3.288 亿元，改造农村危房 16288 户，确保贫困人口住有所居、住得安全。

社会保障"保基本"。科左后旗推进"两项制度"有效衔接，全旗建档立卡贫困户中有 3632 户、7698 人享受最低生活保障政策，实现"应保尽保"；实行签约服务，为所有建档立卡贫困人口提供家庭

危房改造前

危房改造后

医生签约，为患 42 种慢性病的贫困人口开展送医送药服务，累计送药 31658 人次、173.3 万元。

七、加强基础设施建设　补公共服务短板

脱贫攻坚中，不断完善公共服务体系，不断满足人民群众日益增长的美好生活需要，使人民群众获得感、幸福感更加充实、更有保障、更可持续是一项需要真金白银的硬任务。

全面加强阵地建设。科左后旗建设嘎查村级文化活动室 292 个、文化广场 277 个、标准化嘎查村卫生室 427 个。提升改造便民连锁超市 209 家，实现全旗 262 个行政嘎查村便民超市、标准化卫生室、文

努古斯台镇道乃营嘎查文化广场

绿水青山就是金山银山

化室、广播电视和网络全覆盖。

全面提升基础设施建设。科左后旗实施农村牧区电网改造、农村牧区公路建设、嘎查村通水泥路工程，新建与改造农村牧区电网线路1786公里，建设农村牧区公路6055.43公里，嘎查村通水泥路1965.7公里。农村牧区公路畅通率达100%，彻底解决了农牧民群众出行难的问题。脱贫攻坚以来，科左后旗共投入2.99亿元，通过集中供水和分散供水方式实现安全饮水工程全覆盖。

微动漫｜赛罕和塔拉带
你去看通辽市获奖的
"全球减贫案例"

跋　语

巩固成果再扬鞭

脱贫摘帽不是终点，而是新生活、新奋斗的起点。

——习近平

时光如水，岁月如梭。总有一些伟大的历史瞬间会让人铭记，就如科左后旗脱贫攻坚的进程。40万人民同心同德、同向同行，用双手创造出美好的生活；砥砺奋进、真抓实干，群众有了更多的幸福感、获得感；直面差距、分秒必争，收获的是发展的信心与坚持的信念。

绿色水稻米香塞外

科尔沁黄牛"牛气冲天"

生态产业再造"金山银山"

英雄上马，一往无前

新通高铁，转换时空

泛舟朝阳，走向辉煌

　　回顾过去，科左后旗不畏曲折与考验。从自治区级贫困县到国家级贫困县，再到一举摘帽，科左后旗不畏发展滞后、底蕴薄弱的艰难，知难而进，逆向而行，书写出经得起检验的历史答卷。

　　回顾过去，科左后旗经历成功与喜悦。黄牛产业奠定坚实基础、生态产业推动转型升级，在脱贫的道路上，科左后旗解锁各类发展模式，从特色种养到旅游电商，贫困户通过菜单式帮扶，科学选择、加快致富，一张张笑脸洋溢着奔向小康的欢欣。

　　挺立潮头，科左后旗直面差距与不足。一次次吹响冲锋号角，又一次次放慢脚步，科左后旗坚持踏石留印、抓铁有痕，认真开展回头复查，"六清零、四达标"，全面系统梳理，认真查漏补缺，坚持把每一个扶贫举措真正落到实处，确保让每一项扶贫政策真正发挥作用。

挺立潮头，科左后旗凝聚团结与力量。京蒙帮扶协作，推进区域间的协调发展、协同发展、共同发展；多领域开展扶贫协作，农畜产品基地、园区合作、项目引进落地等成果频显；高铁经济规划、农副产品输出基地建设等均有突破；"万企帮万村"行动，广泛动员社会力量参与脱贫攻坚。一股股涓涓细流，凝聚出一片汪洋，这强大的合力，为全旗脱贫攻坚注入了信心与动力。

展望未来，科左后旗坚守初心与使命。扶贫工作做到实事求是、因地制宜、分类指导、精准扶贫。牢记习近平总书记提出的要求与标准，科左后旗交出了自己的答卷，党员干部上下一心，坚守着人民至上的初心使命，挥洒青春，执着无悔，在科左后旗历史上留下了浓墨重彩的一笔。

展望未来，科左后旗描摹美丽与幸福。脱贫攻坚虽然取得了阶段性的胜利，但"三农"发展永远在路上，还要努力让群众过得更好。将脱贫攻坚与乡村振兴有机结合，补齐短板、巩固提升，成为科左后

摘掉"贫困帽"，展翅奔小康

旗持之以恒的目标与追求。科左后旗将信心百倍、整装待发，聚全民之心、举全旗之力，描绘更新更美的宏伟蓝图。

不忘初心，方得始终。摘掉贫困帽子的科左后旗，向党和人民交上了一份沉甸甸的答卷，这不是终点，是新的起点；团结奋进的科左后旗，在中国共产党的坚强领导下，经济发展突飞猛进，社会环境日新月异，文化繁荣昌盛，群众生活祥和安宁，民族团结高奏凯歌；勤劳勇敢的科左后旗，各族干部群众正弘扬百折不挠、一往无前的"蒙古马精神"，以昂扬的斗志、饱满的激情、旺盛的干劲，在实施乡村振兴战略、全面建设社会主义现代化国家新征程上书写更加昂扬、更加精彩的时代乐章！

CCTV-10《中国影像方志》内蒙古卷　科左后旗篇

后　记

　　脱贫攻坚是实现我们党第一个百年奋斗目标的标志性指标，是全面建成小康社会必须完成的硬任务。党的十八大以来，以习近平同志为核心的党中央把脱贫攻坚纳入"五位一体"总体布局和"四个全面"战略布局，摆到治国理政的突出位置，采取一系列具有原创性、独特性的重大举措，组织实施了人类历史上规模空前、力度最大、惠及人口最多的脱贫攻坚战。经过8年持续奋斗，现行标准下9899万农村贫困人口全部脱贫，832个贫困县全部摘帽，12.8万个贫困村全部出列，区域性整体贫困得到解决，完成了消除绝对贫困的艰巨任务，脱贫攻坚目标任务如期完成，困扰中华民族几千年的绝对贫困问题得到历史性解决，取得了令全世界刮目相看的重大胜利。

　　根据国务院扶贫办的安排，全国扶贫宣传教育中心从中西部22个省（区、市）和新疆生产建设兵团中选择河北省魏县、山西省岢岚县、内蒙古自治区科尔沁左翼后旗、吉林省镇赉县、黑龙江省望奎县、安徽省泗县、江西省石城县、河南省光山县、湖北省丹江口市、湖南省宜章县、广西壮族自治区百色市田阳区、海南省保亭县、重庆市石柱县、四川省仪陇县、四川省丹巴、贵州省赤水市、贵州省黔西县、云南省西盟佤族自治县、云南省双江拉祜族佤族布朗族傣族自治县、西藏自治区朗县、陕西省镇安县、甘肃省成县、甘肃省平凉市崆峒区、青海省西宁市湟中区、青海省互助土族自治县、宁夏回族自治区隆德县、新疆维吾尔自治区尼勒克县、新疆维吾尔自治区泽普县、新疆生产建设兵团图木舒克市等 29 个县（市、区、旗），组织 29 个县（市、区、旗）和中国农业大学、华中科技大学、华中师范大学等高校共同编写脱贫攻坚故事，旨在记录习近平总书记关于扶贫工作的重要论述在贫困县的生动实践，29 个县（市、区、旗）是全国 832 个贫困县的缩影，一个个动人的故事和一张张生动的照片，印证着人民对美好生活的向往不断变为现实。

脱贫摘帽不是终点，而是新生活、新奋斗的起点。脱贫攻坚目标任务完成后，"三农"工作重心实现向全面推进乡村振兴的历史性转移。我们要高举习近平新时代中国特色社会主义思想伟大旗帜，紧密团结在以习近平同志为核心的党中央周围，开拓创新，奋发进取，真抓实干，巩固拓展脱贫攻坚成果，全面推进乡村振兴，以优异成绩迎接党的二十大胜利召开。

由于时间仓促，加之编写水平有限，本书难免有不少疏漏之处，敬请广大读者批评指正！

本书编写组

责任编辑：韦玉莲
封面设计：林芝玉
版式设计：王欢欢
责任校对：胡　佳　陈文艺

图书在版编目（CIP）数据

中国脱贫攻坚：科左后旗故事／全国扶贫宣传教育中心 组织编写 . — 北京：
　人民出版社，2022.9
（中国脱贫攻坚县域故事丛书）
ISBN 978 - 7 - 01 - 023214 - 0

I.①中… 　II.①全… 　III.①扶贫－工作经验－案例－科左后旗 　IV.① F126

中国版本图书馆 CIP 数据核字（2021）第 042463 号

中国脱贫攻坚：科左后旗故事

ZHONGGUO TUOPIN GONGJIAN KEZUOHOUQI GUSHI

全国扶贫宣传教育中心　组织编写

人民出版社 出版发行
（100706　北京市东城区隆福寺街 99 号）

北京盛通印刷股份有限公司印刷　新华书店经销

2022 年 9 月第 1 版　2022 年 9 月北京第 1 次印刷
开本：787 毫米 ×1092 毫米 1/16　印张：13
字数：138 千字

ISBN 978 - 7 - 01 - 023214 - 0　定价：49.00 元

邮购地址 100706　北京市东城区隆福寺街 99 号
人民东方图书销售中心　电话（010）65250042　65289539